秒传文案

李唐星辰/著

图书在版编目（CIP）数据

秒传文案 / 李唐星辰著 . -- 北京：中华工商联合出版社，2024.5. -- ISBN 978-7-5158-3962-2

Ⅰ . ① F713.812

中国国家版本馆 CIP 数据核字第 20245L4L71 号

秒传文案

作　　　者:	李唐星辰
出 品 人:	刘　刚
责任编辑:	于建廷　王　欢
封面设计:	周　源
责任审读:	傅德华
责任印制:	陈德松
出版发行:	中华工商联合出版社有限责任公司
印　　刷:	三河市宏盛印务有限公司
版　　次:	2024 年 7 月第 1 版
印　　次:	2024 年 7 月第 1 次印刷
开　　本:	710mm×1000 mm　1/16
字　　数:	179 千字
印　　张:	13.5
书　　号:	ISBN 978-7-5158-3962-2
定　　价:	78.00 元

服务热线：010-58301130-0（前台）

销售热线：010-58301132（发行部）
　　　　　010-58302977（网络部）
　　　　　010-58302837（馆配部）
　　　　　010-58302813（团购部）

地址邮编：北京市西城区西环广场 A 座
　　　　　19-20 层，100044

http://www.chgslcbs.cn

投稿热线：010-58302907（总编室）

投稿邮箱：1621239583@qq.com

工商联版图书

版权所有　盗版必究

凡本社图书出现印装质量问题，
请与印务部联系。

联系电话：010-58302915

序言

写本书的缘由是：每个人都应该写一本书，记录自己的故事或是把经验分享给有需要的人。

写本书的时候，我的"完美主义"冒出了头，总感觉要把一件事说"全"了，任何有失偏颇都让我觉得难受，迟迟无法下笔。可是，一个观点本身就是一个"世界"，又是"大世界"中的一个部分。"一念一世界"，既是完整又是局部。只要我放下那个希望所有都呈现完整的心，不再执着，文字自然而然地从指间流出。

写书既是一种分享，也是磨练自己心性的过程。比起短文案的纠缠，长到一本书的时间更让人为难。虽然如此，抱有感恩、爱和只想分享的心，静下来，不着急，写就好了。

教大家写文案的书有很多，有经验的分享，有积累的集合，或者是方法论者，其中或多或少都会触及"情感"与"感受"。没有感情的写作机器写不出：落霞与孤鹜齐飞，秋水共长天一色。没有情感共鸣，"钻石恒久远，一颗永流传"无法在几十年后还被人拿来做经典案例传唱。

我认为：能够带来感受，"印心"的文案才是好文案，才是一个能够流传、能够卖货的文案。感受带来的价值可以是专业感、信赖感，也可以是浪漫感、幸福感，或者是戏剧感、紧张感，无一不在触动人们的心弦。

我们的每一次购买、传播、记忆都是感受带给我们的影响，无一例外。真正激发大家的购买、点击和欲望的"元凶"是懂得"调动"我们感情的人。

每一个成功文案的背后都有一个善于调动人们情绪的文案人。

当我们发现那些能触动传播和购买的文案正在调动人们的情绪，帮助产品畅销，我们为何不能学会利用好这些情绪感受呢？学习调用文字背后的情绪力量，打造让产品畅销的文案才是本书的核心。

阅读完数十万条广告文案之后，更让我坚定地相信，那些能够引发我们购买的广告文案正在通过七情激发我们的六欲。我将文案分类拆解，在当代文案中挑选了优秀文案作为解剖案例，找到它们内在与消费者情感交流的点。

我相信每个文案都是有生命的，是文案人用心力书写和诠释，以达到品牌与消费者真心交流的目的，不然无法做到情绪的拨动和影响。而每个文案人又都是洞察力与共情力非常强的人，不然无法深入挖掘生活中真正在触动我们情绪的点滴日常。

另外，我要感谢伙伴云洋，是他点燃了我的写作热情，鼓励我创作，并且在本书的定位上给了我非常大的帮助。

愿我的观点能够给大家带来一点点启发，以一种新的视角看待文案，找到自己的写作灵感，写出畅销文案。

目录

第一章 "写好"文案和写"好文案"

1. 追求"好文案"的前提是"写好"文案　003
2. 畅销文案的目的：降低品牌营销传播成本　006
3. 畅销文案的特质　011

第二章 做一个真诚的文案人

1. 做个真诚的文案人　024
2. 让文案情感充沛的两大方式　028

第三章 "感受"的前提是"认知"

1. 认知是触发情感的开关　034
2. 寻找大众认知范围的几个方法　036

- I -

第四章 用情绪调动消费者的感受

1. 文字是自带感情的编码 048
2. 通过七情六欲找到核心感受 050

第五章 善用"喜怒忧思"写文案

1. 喜 057
2. 怒 083
3. 忧 094
4. 思 128

第六章 高效产出文案的秘密

1. 回归洞察 172
2. 注重细节 176
3. 感情真挚 188

结语　听从心的声音 203

第一章

1

「写好」文案和写「好文案」

写好文案是四个字，但是如何诠释全看顿点。

"写好"文案与写"好文案"是两个全然不同的意思。"写好"文案，可以看作一项工作结果。写"好文案"是对待工作结果的标准。"写好"文案是文案人的工作，也是目的。写"好文案"是文案人的终极目标。不是所有"写好"文案都能被称为写"好文案"。"好文案"应与文学一样有金线，能够冲破时间和地域。而写好文案的最终目的是品牌产品的畅销！

1. 追求"好文案"的前提是"写好"文案

每个人都能写文案，就像每个人都会说话一样。我们的表达都是从语言开始的，人们通过语言沟通表达思想，哪怕是不会写字的孩童也能够在喃喃自语中表达自己的需求。

"我想，没有比文案更简单的工作了。"这是很多文案大师鼓励学生的话。就像李欣频说的："每个人都可以写作，写出自己的故事，出自己的书。"只要我们有想法，能讲话，就可以将语言变成文字。

文案的创作是多方面的。广告宣传物料的文案是一方面，广告语、广告片、广告歌曲（歌词）、品牌介绍、品牌故事、企业精神、企业愿景、企业价值观……缺少不了文字的运用。

大到企业的宣传、新闻稿的撰写，再到广告文案的宣发，小到个人媒体账号的文字表达，都是文案不同种类的表达方式。

既然文案如此重要，我们何不从"写好"文案开始，每次都用心编辑我们的日常、我们的思考、我们工作所需、企业所想、品牌所要呢？

用"心"很重要！我经常在文中提到"心、情感、感受"。我觉得用心、用真情实感表达来写文案比任何修辞法都管用。如同学生时代老师们会让我们熟读课文、背诵，其含义并不是让我们生搬硬套，而是让我们通过不断的积累，累积更多的素材活学活用。如果我们在看完优秀作文后只知道复制别人的话语，那与拷贝有何区别。不仅形成不了自己的风格，更无法写出优秀的作品。

我见过网络上有博主教人利用框架写作，一篇文章从开头就设置标准模式。比如自建一个造词库（春花、秋月、旖旎……），随意挑选一些作为小诗写在开头（通常是五言绝句类型），然后动用名人历史贯穿段落（太白独酌、东坡被贬……），结合主题段落，最后升华中心思想，以此类推。他们打着超简单、速成的写作名号，实则框定了他人的思维模式，这与八股文何异？

文学作品言之有物，哪怕是只谈情又如何？可是文案却不是如此。有一段时间流行美文，那种词句非常优美，有诉说不完钟情的文字，以至于大家写作有意识无意识地偏向这种风格。

文案的表达方式有很多，并非要限定于某一种格式，也并非只有读文学系的人才能写好文案。写出好文案的那些大师也许在学生时代并非都钻研诗歌，比如文案大师 Neil French，他在成为文案之前有过很多的工作经历，都与文案无关，但并不妨碍他成为文案届的大神。广告教父奥格威，37 岁才出道从事广告行业，这又如何？广告行业是一个造梦的行业，不管我们信不信，只要有情感、有观点，就能"写好"文案。

文案大神们之所以能写出让人拍案叫绝并且还能流传下来成为经典的好文案，最大的原因是他们站在营销宣传的角度考虑文案的写作创意；他们不拘泥于文案的修辞手法，更多表现在对产品深刻洞察后文字的提炼和情绪的表达。好文案能够抓住人们的心，获得消费者的认同，引起他们的情感感受，最终决定购买。

广告文案通过营销宣传获取更大的知名度，让产品更好卖。符合语境及现实生活的使用场景，是文案能够快速传播的依据之一。因此，在表达方式上，用中国人能懂的语言和文字使用习惯，更利于文案的传播广度，同时也是文案写作的基础。

"写好"文案是每个人都能够付诸实践的过程，明确文案在商业中的

第一章
"写好"文案和写"好文案"

首要目的是宣传和营销。

想要从"写好"文案到写"好文案",则需要一点天分、一点坚持,不断地投入时间和精力,为文案注入情感,通过"喜怒忧思"让你的文案冲破时间的桎梏,获得更广阔的舞台。

毕竟诺贝尔文学奖已经颁给过诗人、音乐人,未来也有可能给广告人,我们为何不期待一下呢?

2. 畅销文案的目的：降低品牌营销传播成本

在文学上，文字有金线。金线之上被称为"真正的文学"，是能够让人一读再读的经典，能够领略文字之美，感受宇宙带来的真理……

在商业上，写好文案的价值是能传达品牌气质，传播产品的独特价值，更快达到产品畅销、提升品牌价值的目的……其中，最核心的要素是：降低品牌营销传播成本，也就是我们要以让品牌产品畅销为目的写文案。正如冯唐所说："任何一个领域都有一条不绝如缕的金线，不好定义，但是对于明眼人洞若观火。"

从传播成本上考虑，白话文口号式的广告语远比文绉绉的文言文传播成本低。文案在撰写时除了洞察核心需求，对消费者的理解能力需要深入考量，应该放在首位。在什么样的语境中说什么样的话，更能引起消费者的情绪共鸣，这是文案人要着重考虑的。中国14亿人口，在文化程度参差不齐的情况下，文绉绉的语言并不能让你的宣传深入人心，这时反而需要朴实直接。在宣传上，"接地气"远比"高大上"重要。

如果你只想要针对某一类人群做宣导，可以加入一些关键性词语和特定的描述。比如四次元、饭圈等小众群体认知的内容。

文案能够降低品牌营销传播成本的原因：引人心动！让品牌产品畅销的秘密就在于让消费者心动！

文案是品牌与消费者情感沟通的桥梁。通过文案，消费者知道品牌在

第一章
"写好"文案和写"好文案"

传达什么，在互相认同中成为甲乙双方。

畅销是一种结果主张，有出发就有过程和结果，以什么样的结果为导向，就可能产生什么样的结果。在商业上更是如此。企业的每一分钱都要用在刀刃上，一个好的广告语能比一句不痛不痒的话收获更多的关注，这就是节约广告费、广告成本，就是为企业赚钱。

写文案时想要达成畅销的结果，畅销就成了文案的目的。当我们有一个明确的目标和价值导向的时候，就是构思文案的核心价值主张。

战略的表达，是我们写畅销文案的中心点。没有中心就没有章法，文案的创作也可以看作戴着脚镣跳舞。降低品牌营销传播也意味着要对品牌战略一以贯之。

个人有愿景，就能支撑自己自主学习，因为要为祖国做贡献。现在很多孩子都不知道为什么要学习，只要做作业就闹情绪，家长也跟着烦恼，核心原因是没有目标。所以，要少小立志，知道自己为什么要成长，为什么要读书学习，当自己对人生有目标和规划的时候，更容易知道自己要做什么。

虽然扯远了，但是核心内涵是一样的。写文案之前，我们要熟悉品牌的战略规划，要明白企业的策略到底是什么，才能更清晰用什么样的方式跟消费者交流。我们要学会提问，直到我们找到企业的战略和目标及宣传的真相。

我们常说，所有事都是一件事。企业的战略发展离不开社会的需求。一句话表达品牌的战略，并不断地为此努力推进，是企业中的人能够同心协力一致性发展的有效武器。

马云说："让天下没有难做的生意。"这句话是阿里巴巴的愿景，也是他们的使命。阿里巴巴建立平台，让商家和消费者以最低的成本形成买卖关系，使得很多小微企业有更多的生存空间。

阿里巴巴一直深耕平台，服务、技术、广告，无一不围绕战略——"让天下没有难做的生意"。因为有政府的支持、市场的需要，阿里巴巴成了互联网巨头。"让天下没有难做的生意"是战略的文案表达，像一句誓言，代表企业发展的责任感，切中了市场的需求和社会发展的需求。

我们做过一个儿童情商教育机构的案子，品牌名是马乐乐。我们为马乐乐塑造的广告语是：孩子情商高，贵人自然多。

广告语即战略。品牌围绕"情商"做深入研究，同时为"贵人"谋福祉。

写这句广告语文案跟品牌所处的情况有关，儿童情商教育这个品类在市场上已经十几年了，虽然时间不短，但是整体的推广与宣传非常局限。在教育版块，儿童有关的学科类、特长类很多，但是情绪管理却比较冷门。如何用一句话告诉大家马乐乐是干什么的？情商教育到底能为孩子带来什么样的改变？

通过调研发现，情商教育又称为 EQ 教育，是情绪管理教育。我们理解的高情商，就是为人处世游刃有余。但是真正的高情商并不是"会说话""不得罪人""圆滑"，而是自信、懂得自己的情绪，能够很好地处理情绪，并且明白只有更懂自己、关照自己、爱自己，才有能力去爱、去照顾他人，爱这个世界。

既然情商教育很难在有限的时间和空间里突破人们的认识，那我们就顺应认知，说大家都懂的话，达成情感上的共鸣。

马乐乐的品牌名和广告语是我们在整体品牌战略策划中的一致性表达。

千里马和伯乐的故事家喻户晓。既然情商高对人们来说是"左右逢源"，有更多的朋友和机会，用"贵人"就再合适不过了。所有成事修行的人，在人生经历中都遇到过贵人。贵人不一定是给了多少资金、人脉，可能是恩师的几句做人的道理，帮助我们度过一次又一次困境，这就是"贵人"。伯乐是"贵人"，代表一种远见，也存在感恩的情绪。因为有伯乐的慧眼，千里马才不会被埋没。

"孩子情商高，贵人自然多。"触动人们的是"贵人"二字。"贵人"也

第一章
"写好"文案和写"好文案"

是马乐乐品牌的气质,核心的价值点,企业经营过程中不断深入演绎的点。

围绕"贵人",我们完善了马乐乐的企业文化。

马乐乐的价值观:"每一个选择我们的人都是我们的贵人,我们也将成为每个家庭的贵人。"贵人这个词是平等的,并没有高低之分。家长们信任马乐乐,孩子们喜欢马乐乐,选择马乐乐的家长们是马乐乐的贵人,同时马乐乐用心为孩子服务,将情商教育融入孩子的生活和家庭,让孩子更快乐地成长,让家庭更幸福,马乐乐就是这些学员的贵人。平等互助友爱的温暖感和幸福感,是马乐乐想要传递的爱。

围绕责任感和幸福感,"做孩子24小时的成长贵人",马乐乐的服务理念应运而生。

企业是社会的器官,为消费者服务,为社会奉献价值才是企业存在的意义。马乐乐的愿景:让中国每个城市都有马乐乐。使命:做情商教育百年品牌,福泽三代人。这些文案都向员工和社会传递了企业的责任感。

不仅如此,我们还为马乐乐写了歌曲,以音乐的方式将品牌更有趣地导入消费者的心中。

马乐乐歌曲歌词

我是马乐乐,在多彩世界奔跑。

无忧无虑的,不怕挫折和困难。

课堂加实践,情商高又人缘好。

爱发光在,快乐的时空。

我是马乐乐,向天空高声歌唱。

七彩的世界,打开我心灵的窗。

我有好人缘,盛开在舞台中央。

向前冲,梦想就在前方。

在这晴空下,活泼又开朗。

享受阳光只为勇往直前。

学习情商高,贵人自然多。

　　围绕马乐乐所有的文案,命名、广告语、企业文化、歌词、营销广告语文案等都是文字之间的合作。能够很强地关联形成品牌势能的原因,是有品牌气质、核心价值作为支撑。所有的文案都围绕"贵人"开展,自然能像球心靠拢,聚沙成塔。

　　有目标,有核心,写文案才能如有神助,才能更清楚使用何种方式,触及人们什么样的感受,怎样才能引起人们的共鸣和思考。

3. 畅销文案的特质

仔细回想，畅销品牌产品是如何进入我们生活的呢？我们为什么会选择它们？它们究竟满足了我们什么样的诉求？我们购买了那么多东西，真的都是因为"实用"和"需要"吗？难道没有其他的物品可以替代吗？我们为什么还要买？你有喜欢的品牌吗？会重复购买你喜欢品牌的产品吗……

消费者的心理很复杂，可能买很多东西都是平时用不完的，每次冲动消费最后的结果就是后悔。但是，除非心动，不然我们是不可能为不动心的产品买单的。

有人会提出疑问："买的时候没想那么多，凑单而已。这也算心动吗？"

哪怕是因为折扣和凑单，这也是心动。因为产品促销的文案让你觉得这些东西很便宜，不买就吃亏了，还不如买回家再考虑如何使用它。

我们购买的商品仿佛都来源于心动的出发。其中，夹杂着广告文案带来的效果，也可能有产品的设计感、品牌的价值感、明星们的号召力……这又如何？一切来源都是战略的一致性表达。我们需要文案，利用文字的组合呈现品牌和产品的价值感，获得广告的核心。通过广告语、品牌故事、品牌介绍、企业的价值观、广告片、音乐（歌词）、广告宣传文案等传播品牌的核心诉求。

农夫山泉的广告语："农夫山泉有点甜。"被大家认为是超级文案的核心原因之一是传达了品牌的价值感，通过不断演绎为品牌带来销量。

我小时候第一次喝到农夫山泉时，非常好奇地用心品尝了水，感受那种与自来水不一样的甜感。我不知道那种不一样的感觉是不是广告里说的"甜"，好像真的对农夫山泉产生了不一样的感受，认为它是独特的、值得信赖的。

我认为，畅销文案的特质有三点：

· 让人心动；

· 让人愿意自传播；

· 让人愿意购买。

心动、传播、行动，像是一颗颗珍珠，当串联在一起时，就是完整的珍珠项链。心动的本质是让人行动。心动才有可能让消费者主动传播，影响他人达成购买的行动。一切行动始于心动，完成闭环。心动是源头，我们需要研究让人心动的感觉，写让人心动的文案。

心动触发的是人们的直观感受，不管文案带来的是浪漫还是感动，或者是意外，都代表着心动感。

知乎的广告："你知道吗？你真的知道吗？你真的真的知道吗？……有问题，上知乎！"

广告文案重复着：你知道吗？

单从文字就捕捉到了好奇感。品牌想让我知道什么呢？最后答案以广告语结尾：有问题，上知乎！

将人们带入好奇感，引起人们的兴趣，也是心动的体现。

有心动自然会行动，当我们有问题的时候，就会联想到知乎，总想着上知乎看看对于我们的问题是否有满意的解答。

"你知道吗？你真的知道吗？"有可能变成日常调侃的话语，融入生活。

一切行动始于心动，文案触动了我们的潜意识认知，打开了我们的情感开关。不管我们相不相信，调动我们情感的文案，正在无意识地拉动我们的消费。

第一章
"写好"文案和写"好文案"

（1）让人心动

"心动"一词本身就非常有能量。

对一个人心动，对一个物品心动，经历一场心动的旅行，听到让人心动的音乐，为一副美妙的画作心动，看到一段让人心动的文字……

哪怕是看到"心动"这个词本身，也会让人联想到心动的瞬间，有一种非常美好的感受。

文字蕴藏着能量。能量的正向、负向，能量的平淡、多寡，给人的感受都来自人们对文字的撰写，也就是文字的组合。

一个婆婆支起了橘子摊，摊上放了一张手写的硬纸板，用可爱的字体写着：甜过初恋。

简单的四个字组合在一起，有着直指人心、让人心动的力量。

"甜"是橘子好吃的一种味觉象征，也是一种感受，让人联想到美好的、幸福的味道。

"过"字单独呈现是一种状态，有着一种超越于现在，比"甜"更丰富、更有滋味的感受。

"初恋"可以组成一个词语，是一段记忆，或者是封存的，或者是当下的。初恋可以有甜有酸有苦，一旦提起或者回忆，多半有一种淡淡的情愫涌上心头。

几乎每个人都有初恋。第一次喜欢上一个人的悸动被无数作家写进文学作品。这个词语的出现，让大部分人有了直观的联想。

"甜过初恋"像一个魔法，让人们不自觉地对橘子有了甜蜜、幸福的感觉。这些不是普通的橘子，是比初恋还甜的橘子。吃这样的橘子，一定会有浪漫的感受吧。

"甜过初恋"是让人心动的文案。看到便能联想到浪漫，脑海中能连接到曾经吃过最甜的橘子的口感。不仅如此，还能回忆起初恋的美好。哪怕没有初恋，也能想起如《山楂树之恋》那般连牵手都会脸红心跳的悸动情绪吧。

当年周杰伦代言优乐美奶茶时，广告文案是："你是我的优乐美。""这样，我就可以把你捧在手心里了。"

优乐美定位的是浪漫幸福的奶茶，加上周杰伦的演绎和文案的表达，不知融化了多少少女的心。

"你是我的优乐美"仿佛一个谜，"这样，我就可以把你捧在手心里了"是这个谜题的答案。

文案通过前后呼应，利用问答形式，营造出了浪漫感。内容没有一句直白的"我爱你"，但是比"我爱你"更甜的是对爱情期许的心动。

用优乐美告白，或者用"你是我的优乐美"文案告白，是那时年轻人最时尚的举动。不知道有多少男生向女生表白手捧优乐美，也不知有多少女生在憧憬浪漫时无限回购优乐美。

只要心动就会有行动。不仅是爱情的喜悦让人心动，也可以是兄弟间的豪情，让人联想到朋友的关怀继而购买产品，这也是心动的表现。

红星二锅头【年轻就要红】系列文案：
- 有兄弟才有阵营。
- 让干杯成为周末的解放宣言。

红星二锅头【是一瓶酒，更是一种烙印】红色系列文案：
- 铁哥们是这样炼成的。
- 用子弹放倒敌人，用二锅头放倒兄弟。
- 将所有一言难尽一饮而尽。
- 把激情燃烧的岁月灌进喉咙。

当红星二锅头推出的产品广告宣传带着热血、活力、激情四射的情怀和感受，我们很难不被这种男子汉的豪情打动。

第一章
"写好"文案和写"好文案"

我觉得心动是一颗种子，当你发现它们的时候，它们已经在你的心中生根发芽了。也许还没等你的脑子回转过来，心动的信号已经促使你记住了品牌、购买了产品。

当然，心动的感觉远不止来自这些情感，更直观的是，当我们看到"折扣"的促销时，心中难掩蠢蠢欲动。难怪我们在"双十一""双十二"的折扣点会集中购买商品，平时在心中默默积累下的对商品的心动感觉纷纷放进了购物车，等待最后的折扣点全部扫光。不仅如此，我们还会因为折扣搜寻可能购买的商品，仅仅是因为不想错过一年一度的折扣日优惠而已。

"聪明女孩在变美上做加法，账单上做减法。"——蘑菇街

"上唯品会，大牌 3 折起……"——唯品会

打折促销可以说是营销中最常见和最有用的营销模式，文案中同样好用。如果品牌和产品想要打造超值感，打折是一种方式。还有一种是让产品拥有比消费者想象中更强大的功能。比如：

"把 1000 首歌装到口袋里。"——苹果 iPod

乔布斯用非常形象和巧妙的语言方式传达出了一个令人震惊的事实。这成了 iPod 的卖点，也让苹果在行业地位中垒上更为夯实的一瓦。

心动的感觉中，我们可以以将"爱"的心动扩展到更多"情"的心动。点燃我们购买热情的除了喜欢还有可能是担忧。父母担忧子女、个人形象的焦虑、个人成长的焦虑，或许还有我们想要变得更好的行动力……

"没有好看的衣服，只有好看的身材。"——某健身机构

人们对身材的焦虑空前高涨。不仅是女生，中年发福的男人们也会被称作"油腻"。以娱乐圈为例，能够很好地管理自己身材和容貌的，人气都不会差。

"我只穿香奈儿5号入梦。"——玛丽莲·梦露

这句话由全球知名的性感女神玛丽莲·梦露说出，是香奈儿最好的宣传语。名人的光环加持，让香气萦绕的感觉能够超越感官，直接在脑海中产生联想。玛丽莲·梦露的形象加之浪漫、性感、深情的感受，不自觉就击中了我们的心。

"IMPOSSIBLE IS NOTHING."——Adidas（阿迪达斯）
"Just do it."——Nike（耐克）
"一切皆有可能！"——李宁

没有什么是不可能的，去做吧，一切皆有可能！从阿迪达斯、耐克到李宁，它们宣传一种拼搏的力量。如果我们立志成为想成为的那个人，首先要做的就是勇敢相信，然后去做，让一个个胜利告诉我们"一切皆有可能"。

只要能触及我们的情感开关，就能让我们心动。当我们善于表达，与消费者共情，并投入文案的表达中，让消费者感知到，便向畅销迈进了一步。

（2）让人愿意自传播

"自传播"，即消费者自发传播，通过转述等方式进行人与人之间的传播。提到"自传播"不得不提"自传播广告"，我读MFA时研究的课题就

第一章
"写好"文案和写"好文案"

是自传播广告的成因,其中"人群定义、场景制造、情感共鸣"是我认为形成自传播广告的三个重要原因。具体研究内容发布在《当代"自传播广告"的设计及相关因素研究》的论文中。三大原因中,情感共鸣是自传播最终的成因,人群定义、场景制造是我们在制作广告前做的准备。当我们不断深入研究品牌营销理论后,更深刻地明白"心"的重要性,也更清楚"心动才会行动"的现实意义。

自传播作为评价好文案的判断依据无可厚非。消费者愿意口口相传,这无疑加大了品牌宣传的广度和力度。如同诗歌、绘画能够流传,我们不能小看文案的创作。一句广告语成为流行语,通过大舞台流传到千家万户也是常事。如果写出的文案能够让大家口口相传,就降低了品牌营销传播成本,走上畅销之路。这也是我们内心总住着一些广告语,时不时能想起来、念两句的原因。

"钻石恒永久,一颗永流传。"

"人头马一开,好事自然来。"

"只溶在口,不溶在手。"

……

"钻石恒久远,一颗永流传。"出自 DE BEERS(戴·比尔斯)钻石,被美国《广告时代》评为 20 世纪经典广告创意之一。时至今日,当初运用于哪个品牌、如何运用也许知道的人并不多了,可是它的魅力在于情感共鸣,哪怕时光穿梭数十年,依旧被人提起和引用,还能在想要买钻石的时候想起这句话,如同一句诗,让人回味。

总有人会发文把钻石称为石头、碳元素,认为它在地球上的资源非常丰富,并不能称为"珍贵",完全是通过广告烘托出来的价值。"钻石恒久远,一颗永流传。"为"钻石"成为"珍贵的钻石""代表财富的钻石"贡献出了非常大的力量。购买钻石就代表情比金坚,爱情能够像钻石一样永远流传下去的时候,还有谁能拒绝购买钻石?

【DE BEERS 钻石广告文案系列】

"亲爱的，你和你的朋友在看球赛时需要多些啤酒和三明治吗？"

"盘古开天地以来，人类已经懂得用两颗石头取火。"

"有时候，丘比特（爱神）也会把他的弓箭换成火箭炮。"

"男人用行动代替语言来表达他们的感觉。女人们对此没有一点问题。"

为了让男人给女朋友或妻子购买钻石，品牌举例生活的小细节，让男人知道，女人的温柔有时候是可以靠"哄"得来的。情侣间的小心思不就是"你哄哄我，我哄哄你"吗？

每年的春晚都会给全国人民贡献不少金句。赵本山春晚小品中用到过叶茂中写的广告语"谁用谁知道"，一下子带火了这句话。"谁用谁知道"在传播时我们可能不知道这句文案出自哪个品牌，但是文案本身自带的喜感和魅力让这句话一度成了众人的口头禅。"谁用谁知道"的魅力在于一种隐晦的表达和一种对结果的期待感。由此加上赵本山的演绎，让这句话更富有诙谐的意味，带给人们好奇感。

农夫山泉的广告从出世就备受关注。"农夫山泉有点甜。"

农夫山泉的广告文案短短七个字，涵盖了品牌名、产品特性，还有味觉感受。一个"甜"字就让大家对农夫山泉的感觉上升了一个感官评价，并对其产品有了好奇感。

农夫山泉的水真的甜吗？是什么样的甜呢？这种心理暗示让大家觉得水是甜的，哪怕人们可能无法品尝出个究竟。不仅如此，"农夫山泉有点甜"在日常中被创造出非常多的修辞及组合方式。比如：农夫、山田、有点钱。

第一章
"写好"文案和写"好文案"

有点小傲娇的表达,将广告文案做了拆分和读音上的谐音表达。

不知道农夫山泉的文案算不算早期的"文案体"传播。在没有互联网的情况下,口口相传,还通过报刊杂志让文案被引用,被口语表达,更被二次创作……让那些不熟悉品牌的人都能被文案传染,形成一种文案体。

> 从未年轻过的人,一定无法体会这个世界的偏见。
> 我们被世俗拆散,也要为爱情勇往直前。
> 我们被房价羞辱,也要让简陋的现实变得温暖。
> 我们被权威漠视,也要为自己的天分保持骄傲。
> 我们被平庸折磨,也要开始说走就走的冒险。
>
> 所谓的光辉岁月,并不是后来闪耀的日子。
> 而是无人问津时,你对梦想的偏执。
> 你是否有勇气对自己忠诚到底?
> 我是陈欧,我为自己代言!

陈欧的一句"我为自己代言",一时激起千层浪。以一种急于冲破桎梏的方式向人们传达出了年轻人该有的态度,收获了非常多的掌声与关注。文案选中的正是一大批勤恳工作不断攀爬又时常不被理解的年轻人。"北上广不相信眼泪""蜗居""北漂"……这些词背后的群体都可能被一句"我为自己代言"打动。"我为自己代言"在互联网上也出现了非常多的二次创作,用于表达对自我的认可,也有戏谑的"我为自己带盐",呈现出多元化的情感表达。陈欧通过"我为自己代言"成功带火了自己与聚美优品,形成了品牌传播的"畅销"。

多年后,"我命由我不由天"再次以相同的不甘回到了大众视野,不仅为电影《哪吒之魔童降世》造势,还让千万人忍不住呐喊:"我命由我不由天!"

懂得洞察人心、抓住情绪、引发共鸣是文案能够畅销的基因。当我们深入看自传播的核心,又不得不再次围绕"情感"做研究。当我们发现自传播的核心原因是戳中了人们的情感认同时,一切都清晰了。

首先,这段文字能够让我们有情绪的感受,触发我们的感情,其中有快乐、幸福、悲伤,或者是触动了我们的好奇心,带来戏剧感表达。

其次,当我们愿意传播时,一定是对它有价值认同。对情感的认同,或者是传播时能够加深"我是什么样的人"的认同感。

如同百事的广告语:"祝你百事可乐!"它成了大家口中互相道贺的表达方式,给大家带来欢快的感觉。"黑夜给了我黑色的眼睛,我却用它寻找光明。"当有人转述这首顾城的诗歌时,我们大约觉得这位一定是喜爱文学的文艺青年。如同有人非常兴奋地跟你描述凡尔赛文学时,他可能是一个关注热点的时尚人士。

当我们发现大品牌能够获得更多的自传播时,就不难理解,传播代表了"我"的喜好还有"我"的观点,更重要的是能够代表"我"是一个什么样的人。

写出自传播的文案有让品牌获得更大的曝光、更多的关注,增强广告的影响力,获得降低品牌营销传播成本的功效。

(3) 让人愿意购买

虽然我们探讨的是文案写作,但是谈论到畅销文案的特质,我们不能不考虑营销。而营销又与广告相关,所以在这里我们简单聊一下传播的"组合拳"。文案不可能在纸上单独存在,而是需要配合画面、设计,或者通过视频广告来呈现创意。文案是食材,也需要烹饪,哪怕是最简单的烹饪。

营销界最让人头疼和具有影响力的广告之一——脑白金。这里不得不提:今年过节不收礼,收礼只收脑白金。

第一章
"写好"文案和写"好文案"

两个小人唱唱跳跳，从1998年起就开始疯狂地出现在大家的面前，时至今日，我们都没有逃脱脑白金的"魔爪"。

脑白金广告的疯狂营销让"今年过节不收礼，收礼只收脑白金"家喻户晓，不可否认这句话如同魔咒一般植入了大家的心里。

这则广告文案有着戏剧冲突感和购买指令。前半句说"不收礼"与后半句"收脑白金"形成了反差。同时，在反差中让大家潜意识中认为脑白金非常好，特别适合送礼。这也是创始人史玉柱想要达到的效果，给消费者植入一个认知，送礼不知道送什么的时候就会选择脑白金，在消费者的脑海中脱颖而出。

这则文案的出色在于能够"卖货"，是非常知名的营销案例。买礼物的人在不知道如何选择的时候做出"选择"，原本的理性行为其实受到了广告文案的影响。当然，广告的成功除了文案的创新，还要归功于广告的高密度投放和轰炸。两者相结合才会有大批中国人知晓脑白金，成为消费者。

自发传播的广告是自传播广告，在人与人之间传播，也代表着相互推荐与自我认可。广告投放是一种武器，能够快速裂变加大传播的效能。同时，让自传播变得更简单，因为当我们愿意传播时只要加一句"这广告天天在播，到处都能看到"，一下子提升了自传播的威力，增强了对方的信任感。

好文案 + 大传播＞普通文案 + 大传播

文案能够让你心动，自然也能够让你行动。广告投放是传播中的一剂猛药，加速消费者的认可和行动的产生。

作为文案人，撇开广告投放，我们要做的就是写好文案，让文案的力量发挥最大的功效，降低品牌营销传播成本。同样的大面积广告资源投放，畅销文案的投放结果不仅是加法，更是乘法。

我们不仅可以利用文案，通过大批量的广告投放让品牌产品变得家喻户晓，还可以利用好文案本身自带的畅销基因，让品牌产品的宣传事半功倍。

第二章

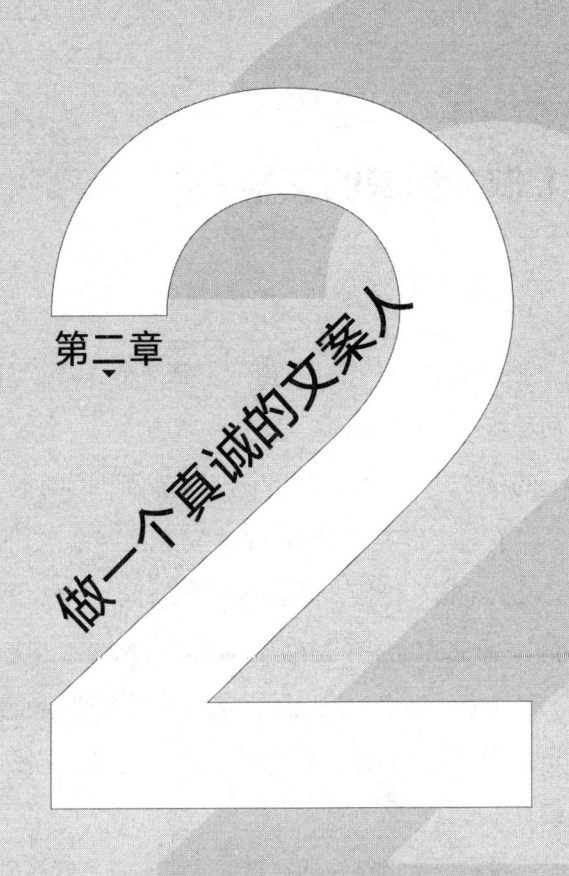

做一个真诚的文案人

1. 做个真诚的文案人

文案是一个个文字的组合。每一个文字在经过千年的锤炼之后都自带气质和感受。一个字、一组词、一个句子、一篇文章、一本书，每一个都是独立的存在，可能代表着同一个观点，但只要你想，可以千变万化。

有一个经典的故事：主人写下逐客令："下雨天留客，天留我不留。"多么的绝情和傲慢，但是经过改变标点符号，"下雨天，留客天，留我不？留"，意思完全变了，感受也随之大变。

文字、标点，组成了文字的使用规范。对仗、拟人、比喻等修辞手法也在儿时就学习过，只要会说话，就能写文案。但是写畅销文案，却是一颗真心换真情。

没有什么道路能通往真诚，真诚本身就是道路，做个真诚的文案人。

有很多厉害的广告人，集战略策略及文案于一身，每个方面都非常强。这是因为他们都抓住了事物的本质，世界再变，人心不变，人的认知很难改变。当我们了解到品牌的战略、定位后，需要获取到消费者的心理诉求，真诚地表述产品的优势，与消费者产生情感共鸣。

我们要理解一件事：品牌不可能期待所有人都成为你的顾客，无法成为空气一般无法或缺；品牌有竞争对手，有可替代的产品；品牌与消费者之间的关系更像是伙伴，而不是单纯的商业买卖。

如同 4A 公司更喜欢在广告创作上追求品牌与消费者情感上的互动和联

第二章
做一个真诚的文案人

结，也能理解品牌在建立后需要不断提升美誉度来获得消费者持续的喜爱。

品牌理解消费者，为消费者负责，能够为消费者创造价值；消费者认同品牌的观点，进而愿意购买品牌的产品，使用品牌提供的服务，还可能自发地宣传品牌，带来更多的消费者贡献、更多的价值。品牌与消费者可以说是互为朋友的关系，既然如此，你对朋友说话的时候，是冷淡还是饱含热情呢？

朋友之间一定是真心以待的，想通这一点，我们就能够理解品牌通过文案与消费者进行情感的交流和碰撞。品牌产品的畅销虽然是最终希望达到的结果，但却不是我们在撰写文案中的私心。我们不可能因为想要获得最大利润来消耗品牌的诚信，就像我们绝对不会想要因为些许利益就出卖朋友。品牌是长线思维，文案的创造也是。

广告行业写文案常常会放大品牌及产品的优势。如同当年仿佛整个世界的品牌都是全球第一的品牌、畅销全国的品牌、行业第一等。广告法的推出寄希望广告趋于理性，回归良性运行，消费者不要因为"第一"就被蒙骗，也让文案人放弃一些"捷径"。

广告法好像让文案人行路变难了，但是却让更多的文案人认真钻研文案。

人类是感性动物，我们之所以有仁爱、恻隐之心，都是源于人性的本能。当我们真心表达自己的感受时，对方一定能感受到。没有什么能蒙住我们的眼，除了贪婪本身。

真诚是一种正向能量，是一种感觉，用真情实感的表达引发出消费者感受是第一步。

某酒吧海报文案：

"爸爸，为什么小孩不应该喝酒？"

"因为，小孩子不喝酒也很开心啊！"

文案中两句很简单的对话，父亲没有回避喝酒的问题，而是很直接地表达了他的观点和感受。通过父亲和孩子的对话，戏谑地描述了喝酒的好处：解忧！开心！

"酒不醉人人自醉""酒逢知己千杯少""举杯邀明月，对影成三人"……古诗词中描述喝酒的场景数不胜数。从古至今，"借酒消愁、举杯同庆、小酌怡情"恐怕是喝酒的三大主要原因了。喝酒能够放松心情，可以燃烧才情。用一个小立场，放大一个喝酒的"好处"，是一个很有趣的文案，许多人看到后都会"会心一笑"吧。

真诚也可以是站在第三方的角度，抛出一个价值点。

泰国人寿保险做过一个视频文案：

"你曾问过自己，有价值的人生是什么吗？"

她对孩子说："有价值的人生，不是拥有金钱、声誉或长寿的人生。真正有价值的人生，是使我们成为有价值的人，并使别人的人生具有价值。"

泰国人寿，见证每个生命的价值。

每个生命的存在都有其价值，泰国人寿将生命价值作为主旨去宣传，站在了更高的生命维度。不是简单地说自己的保险能保多少额度，给了人们多大的保障，而是抛出了更高的价值点传达。让我们都能反观自己，首先认可自己的价值，才会为自己投入更多的关心，不是吗？

真诚，可以做到"毛遂自荐""王婆卖瓜"。

记得有一家专门卖牛肉粉丝汤的店家在外卖平台上写道：自家老婆亲手做的粉丝汤，绝对好吃！

不知道为何，我在一句短短的文案中体会到了他对于自家人厨艺的自

第二章
做一个真诚的文案人

信,还有一种自豪感。这种朴实无华的话语让我感受到了"豆腐西施做豆腐,绝了!"的那种情境。因为他的文案,我买了他家的粉丝汤,以至于后期成了他家的忠实客户。有一次我经过门店,拜访了店家。小小的门店,井井有条。女主人忙着煮粉,做事干净利落,男主人打下手,两个人除了忙碌做吃的,并不刻意与客户寒暄,反而有一种"潇洒"的氛围感。比起"匠心手工、倾心打造"这样文绉绉缺少情感与生活气的文案,朴实地讲一句真话,更能打动人心。

写文案时,我们有时可以放弃一些文字的纠缠,忘记修辞手法、押韵平仄,把自己最真实的想法写下来。你可以试着想象,你非常想将自己手中的品牌产品推荐给你的朋友,你会怎么说呢?

2. 让文案情感充沛的两大方式

真情实感，是一种发自内心情绪的真实表达。

人类情感丰富：快乐、悲伤、幸福、感动、恐惧、惊讶、伤心、愤怒等。人类情绪的出发点都有根源，而触动人心的作品好似用笔尖拨动了我们心底的那根弦，无论快乐、悲伤，都让我们的情感有所触动。可惜，世界上很多人都不知道如何正确表达自己的情感和感受，而真实地传达自己的心意就更难了。

我们常常听到一句话："广告学是心理学。"畅销文案的背后是"攻心"的力量。当我们足够了解自己，才能够更了解他人。在日常积累中，我们或许可以多多接触那些真情实感的文字。

（1）注入诗歌的情感

"关关雎鸠，在河之洲。窈窕淑女，君子好逑。"《诗经》在被整理成文字之前，一直都是口口相传或以歌谣传唱。孔子让弟子将《诗经》作为立言、立行的准则来学习，并多次提及此称："《诗》三百，一言以蔽之，曰：'思无邪'。"

诗歌可以看作古时最好的畅销文案，通过平仄押韵，将情绪、意向、故事、胸怀……全然抒发出来，是诗人真诚表达情感的窗口。写好文案不得不多读诗。诗通过最简练的文字，就让人们能够感受到种种情绪的迸发，

第二章
做一个真诚的文案人

触动读者。

2020 年的诺贝尔文学奖颁给了一位女诗人露易丝·格丽克（Louise Glück）。2016 年诺贝尔文学奖颁给了音乐家鲍勃·迪伦，同时是一位音乐诗人。

回归到中文的语境，方文山在《青花瓷》中描述的场景，浪漫多情，富有意境，对于歌迷来说，除了看到周杰伦的独特演唱风格外，歌词的中国风元素是歌曲令人着迷的重要原因。放在古代不就是词吗？

素胚勾勒出青花笔锋浓转淡
瓶身描绘的牡丹一如你初妆
冉冉檀香透过窗心事我了然
宣纸上走笔至此搁一半
釉色渲染仕女图韵味被私藏
而你嫣然的一笑如含苞待放
你的美一缕飘散
去到我去不了的地方

天青色等烟雨　而我在等你
炊烟袅袅升起　隔江千万里
在瓶底书汉隶仿前朝的飘逸
就当我为遇见你伏笔

天青色等烟雨　而我在等你
月色被打捞起　晕开了结局
如传世的青花瓷自顾自美丽
你眼带笑意

歌词触及的是中国古文化的美与现代的交织，也是文化自信带来的自我认可。在传唱中，"天青色等烟雨，而我在等你"，成了一句浪漫且深情的情话。在宣传时，时常被引用，而方文山称自己的诗歌为"素颜韵脚诗"。

近些年比较火的现代诗中，不得不提到冯唐。他的一句"春风十里，不如你"传遍了大江南北，成了一些人口中的"恋爱圣经"。因为这句诗的广泛传唱度，让它成了冯唐小说《北京北京》的电视剧名，且成功引起了市场的广泛关注。

《春》
——冯唐
春水初生，
春林初盛，
春风十里，
不如你。

（2）注入口号的表达

口号是群众中的呐喊，是非常直接单纯表达情感和诉求的方式。

早在秦朝之时，陈胜、吴广起义，打出的口号是：王侯将相宁有种乎？这句话影响了一批因为秦始皇暴政而决心参与起义的人们，为往后人民起义树立了标杆。

"王侯将相宁有种乎"非常有力量，当时受压迫的人们听到这句话时，直接刺痛了内心，激愤之情涌上心头。

朝廷的暴政、官吏的腐败、繁重的劳役和苛捐杂税，让本不富裕的家庭雪上加霜。时局动荡，连安身立命都是奢求。惨上加惨，不如反抗。一

第二章
做一个真诚的文案人

句口号变身一个战略表达,"王侯将相宁有种乎"让平民竖起了反抗暴秦的大旗。

口号文案往往朗朗上口,往往会带有振奋激昂的情绪,通过积极向上的感受,激发人们的责任感、自豪感等。

口号性的文案能够用一句话表达战略,引发人们的情绪,更强地凝聚大家的战斗力,向着目标前进。这样的方式同样适用于品牌产品,通过一个价值点表达,直指人心。

"人头马一开,好事自然来。"——人头马 XO

这是香港四大才子之一黄霑做广告时的知名作品。这句最朴最拙的大白话竟然出自一个才子之手,想必很多人都想不通。连黄霑本人一开始也并非十分认可,直到在自己写了多稿之后回看,发现这句朴实的话才是最恰当的表达。

没有人会拒绝好事,"好事自然来"让商人们趋之若鹜。当觥筹交错的场面,人们济济一堂谈论合作的时候,或是庆祝合作成功的时刻,"好事自然来"的寓意实在太贴合现场人的心了。

"只溶在口,不溶在手。"

——M&M 巧克力

这是广告大师伯恩巴克的作品。我们熟知 M&M 巧克力是一颗颗包裹着糖衣的巧克力豆。通过文案展现了 M&M 巧克力的独特价值点,还表现了它的魅力,大家拿到的时候忍不住放进嘴里还怎么舍得静静地等待它在手中融化呢?

秒传文案

"你每眨一下眼睛,全世界就卖出去4部诺基亚手机。"——诺基亚

2008年,诺基亚全球第一销量的势头势不可挡。诺基亚用一个非常形象的文案描述着诺基亚畅销的事实。而广告文案越是直接,想要购买诺基亚的人就越多。

"学琴的孩子不会变坏。"——山叶钢琴

文案用一句话将学生家长的思维角度从学习钢琴本身跳脱出来,进入另一种期待。我们通常认为孩子学习音乐能够更快乐地成长,或者是挖掘孩子的潜能。一句"学琴的孩子不会变坏",让家长从对比天赋的赛道上拉到了做人的高度。让很多没有想过要让孩子走音乐道路的家长也开始考虑让孩子学琴。学琴是一种能让孩子不会变坏的方式,如果是这样,家长们很乐意选择,谁不想拥有一个乖巧懂事的孩子呢?

做品牌的过程中,广告语的作用就是用一句话把品牌或产品的独特价值说明白。产品独特价值说白了就是传递给消费者的感受。我们无法用一句话说明白产品有多少功能,但是好的广告语能够清晰地传达一种价值主张,抓住人们情感深处的感受,是一种真诚的情绪渲染和表达。

第三章

"感受"的前提是"认知"

1. 认知是触发情感的开关

畅销的本质是情感的连接，而情绪感受的触发开关是"认知"。也就是说，本质上要通过文案触动人们的情感开关，前提是触动"认知"。

认知是一切文案的关键。我们的文案不是"自嗨式"的，而是要获得大众认同，这种认同的开关就是"认知"。

认知，是指人们获得知识或应用知识的过程，或信息加工的过程，这是人的最基本的心理过程。它包括感觉、知觉、记忆、思维、想象和语言等。人脑接受外界输入的信息，经过头脑的加工处理，转换成内在的心理活动，进而支配人的行为，这个过程就是信息加工的过程，也就是认知过程。（彭聃龄.普通心理学［M］.北京师范大学出版社，2010）

认知是一种信息的加工，有感觉，也有情感，从我们以往日常生活中提取素材，变成了现在的我们，成了我们现在的思维方式和行为方式。

就像《疯狂原始人》中的小伊和家人们第一次看到盖手中的火把时，激动地扑上去大喊："太阳。"对除了阳光没有见过其他"光"的原始人来说，他们用自己的认知定义了"火"。这种认知的差异在剧中有非常多的冲突，为观众制造出很多笑点。

《疯狂原始人》中小伊的爸爸瓜哥有个信念：千万不要不害怕。他认为只要家人不在一起就是危险的，新的事物是危险的，夜晚是危险的，只有躲在山洞里才是安全的。之所以有这样的认知，是因为在遇到世界巨变

第三章
"感受"的前提是"认知"

之前，除了他们按照规矩躲在山洞里，其他家庭都在各种情况下被野兽吃掉了。

盖是现代生活中的人，他没有那么多的限制。他的认知是世界末日来了，要去找明天。他的观点是别怕，遇到事情总会出现很多的奇思妙想，但都有着现代生活的影子。

"千万不要不害怕"与"千万不要害怕"，是认知的差别引发的情绪感受，让瓜哥和盖对明天有着截然不同的感受。

2. 寻找大众认知范围的几个方法

生活在现代的我们需要通过不断地学习，才能了解到古人用古文表达什么。而这种不断研究探寻的过程，留下了许多文人雅士的注解。比我们更早的今人想要了解先贤的智慧，也需要不断地参透，通过旁征博引去"参透、了悟"先贤的思想。

因为每个人经历不同的成长和文化沉淀，所学所研究的领域不同，每个人的认知也不相同。

好文案，就是要找认知，找"大众认知"。

苹果是大众认知。小时候就知道苹果是一种大众水果（日常生活常识的输入）；引申出上过学读过书的人都知道牛顿被苹果砸到头的故事（书本知识的普及）；对《圣经》有了解的人能够联想到亚当和夏娃偷吃禁果的故事（《创世纪》中的一段故事）；乔布斯创造的苹果产品和那个被咬掉一口的苹果标志（商业创新＆科技创新）；红富士苹果个大鲜甜（日常生活的积累）……

大众认知的范围：家庭、地区、国家生活常识＞书本知识的普及输入＞商品及广告＞非普及知识板块的输入（技能、专业领域知识等）……

范围由大到小，分别标志着人们的认知程度高低。比如共同生活在一起的人，他们的认知相似度是非常高的。

第三章
"感受"的前提是"认知"

（1）生活常识

大众认知度最高的要数"生活常识"。这部分常识自我们出生起开始熟悉。家中住的房子，每天起居的卧床，牙刷和牙膏的颜色，喜欢穿的衣服和喜欢吃的食物与口味。夏天的阳光、花朵，冬天的雪花、寒冷。

①家庭是人们的第一认知环境

《变形记》真实地将成长环境完全不同的孩子互换了生活环境。在对方的家庭中，重新学习和生活。

他们各自的认知发挥了非常大的作用，通常从小养尊处优的孩子更无法接受贫苦的生活。

哪怕是成人，习惯了每天洗热水澡上床，睡前刷手机，一时都无法适应没有网络、没有水，甚至会断电的生活。

家是每个人从小最安全、回忆最多的地方，家庭相关的内容都会触及人们的认知，并且在往后我们的生活工作乃至感情中留下痕迹。心理学上有"原生家庭"的理念，就是深入我们骨髓的"木马"。

奢侈品的广告是很难打动普通群体的。当我们无力购买高价值产品时，那些品牌的信息甚至都不会出现在我们的视野中。哪怕是出现过，也未必会注意到。

营造氛围、输出情感时，首先要明确的是对象。写文案，我们的品牌和产品是什么？受众是谁？他们更关注什么？在意什么？

②不同年代的人，有各自的认知基础

很多的认知是随着我们的成长建立起来的，20世纪70年代、80年代出生的孩子玩耍在自然中，"00后""10后"一出生就有手机、iPad。

"90后"无法理解"60后""70后"对四大天王的崇拜。不同时代的认知出现了些许错位，但是本质核心却没有改变。自四大天王开始的粉丝浪潮延续至今。

通过对消费者群体的认知，大致就能判断出，有些文案如何讲、由谁

讲，更能够引起大家的注意。

　　New Balance 在 2014 年邀请李宗盛做了一个跨界广告《致匠心》。匠心一词大概是在那个时间被翻出来，被更多人提及。关于李宗盛，词曲创作者，在流行音乐届是举足轻重的人物。很多年轻人不了解他。那么，New Balance 选择他的原因是什么呢？人物气质！New Balance 品牌定位中产阶级，与李宗盛的人物气质十分匹配。

　　当品牌气质能够提炼出来时，就能够找到与之相符合的代言人。New Balance《致匠心》的广告就是非常成功的例子。

New Balance《致匠心》

TVC 文案

人生很多事急不得，你得等它自己熟
我 20 出头入行，30 年写了不到 300 首歌
当然算是量少的

我想一个人有多少天分
跟他出什么样的作品并无太大关联
天分我还是有的
我有能耐住性子的天分

人不能孤独地活着
之所以有作品，是为了沟通
透过作品去告诉人家心里的想法
眼中看世界的样子
所在意的、珍惜的
所以，作品就是自己

第三章
"感受"的前提是"认知"

所有精工制作的对象
最珍贵不能替代的就只有一个字人
人有情怀、有信念、有态度
所以，没有理所当然
就是要在各种变量可能之中
仍然做到最好

世界再吵杂
匠人的内心绝对必须是安静安定的
面对大自然赠与的素材
我得先成就它
它才有可能成就我

我知道
手艺人往往意味着
固执、缓慢、少量、劳作
但是这些背后所隐含的是
专注、技艺、对完美的追求
所以
我们宁愿这样
也必须这样，也一直这样
为什么
我们要保留我们最珍贵的、最引以为傲的

一辈子，总是还得让一些善意执念推着往前
我们因此能愿意去听从内心的安排

秒传文案

> 专注做点东西，至少对得起光阴岁月
> 其他的就留给时间去说吧

《致匠心》TVC 广告文案突破了普通广告在 15 秒中疯狂喊品牌名的炸裂式传播，更多是通过文字传输一种手艺人的坚持，带来的是一种对专业的执着，有着专业感和品质感的精神传达在其中。

熟悉李宗盛的群体恐怕是 20 世纪 80 年代以后的人，年纪和阅历比年轻人更多，物质上也更有沉淀、更丰富。通过李宗盛来传达 New Balance 的精神是更自然的，情感表达也更真挚。

③同一个中国，不同的地区文化

以中国传统文化为根基做创作，能够引起更多的共鸣。周杰伦和方文山做的中国风歌曲唱火了世界，李子柒代表的中国式田园生活更是在 YouTube 上吸引了上千万的国际友人，也收获了国内外一致的掌声。

文案创作上，引用诗歌，注入历史文化，都能够在不同程度上引起人们的共鸣。

尤其我国台湾地区的文案创作，有很多诗意的成分。感觉很温和，哪怕是一些比较调侃的语气，都可能因为有当地语言的软糯，少了些许的"杀气"。

提到我国台湾地区，就不得不提到李欣频。她很早就有"文案女神"的称号，出道至今写过许许多多的文案，也出过几十本书，可以说是广告界最高产的作家之一了。

她的作品非常喜欢引用，使用类比的方式进行创作。这个可能与她从小喜欢读诗写诗有关，而且她是一个读书狂人，据说一天可以读 4 本书。

《诚品书店》应聘文案

海明威阅读海，发现生命是一条要花一辈子才会上钩的鱼。

第三章
"感受"的前提是"认知"

> 凡·高阅读麦田，发现艺术躲在太阳的背后乘凉。
>
> 弗洛伊德阅读梦，发现一条直达潜意识的秘密通道。
>
> 罗丹阅读人体，发现哥伦布没有发现的美丽海岸线。
>
> 加缪阅读卡夫卡，发现真理已经被讲完一半。
>
> 在书与非书之间，我们欢迎各种可能的阅读者。

这篇文案是李欣频应聘诚品书店文案时写的，也是她成名后及后续的演讲中提及最多的文案。她将"阅读"提炼为核心，然后站在作家的视角将"阅读"的内容想象出来，通过诗歌的手法，组合成了我们看到的文案。她的作品里有诗意，并且非常有画面感，像一场梦幻的电影。通过这篇文案，她拿到了诚品的邀约，一做就是好多年。而我们在这篇文案中，阅读到了梦和戏剧化。

我国台湾地区的美学文案非常多，这是地域决定的，同一个中国，拥有不同的地区文化。

中国的大，不仅来自土地的宽广，还有多民族的融合产生的文化美。

如同我们常常会看到巴蜀地区的火锅店文案：好巴适！这句话来自当地语言，代表好吃。

从文案的表达上来说，不同地区呈现的文化差别，代表着认知的区别。中国香港人更习惯用粤语，广告文案上就会直接用粤语来表达。

④日常生活的积累

每年都会有几个"新词"被誉为全年中运用最多，传播得最火热的词语表达，甚至这些词还会出现在春晚的小品里。

流行语诞生之后，被一些广告文案加以应用，让大家既陌生又熟悉。苹果2020的广告文案中使用的"专治水逆"就是如此。

日常生活中的素材，有人们生活及成长的痕迹，是认知的重要组成部分。

我在"庄家小镇"品牌故事文案中写道：

在湘西流浪

雨中有米豆腐的香气，来自一九六三年芙蓉镇的回忆

阳光是姜糖的甜蜜，来自一九七八年外婆的奖赏

风里有茶叶的清香，来自一九八三年爷爷的茶壶

雪花裹着烟叶的残缺，来自一九九五年爸爸的烟斗

雷声轰隆夹带板栗的甜润，来自两千年舅舅的铁锅

雾气迷蒙隐藏不了桂花鱼的鲜香，来自二〇〇五年妈妈的手艺

想念苗家姐姐的酸汤，有伙伴们的吵闹

怀念奶奶屋里挂的腊肉，有嘴馋偷吃的喜悦

喝一壶儿时不敢沾惹的榜爷酒，走一段有凉粉贩卖的青石板街

分享血粑鸭和螺蛳肉的香辣，牛头宴与竹筒米酒的豪气

剥一口柑橘，饮一杯蜜水

将味道装满背篓

好湘，有味道

庄家小镇是一家经营湘菜的连锁餐饮品牌。创作文案之初，我与创始人沟通得知，"庄家小镇"名字的创意来源于张家界。张家界隶属湖南，是全国知名的风景区。湖南简称：湘，是湘菜的发源地。

同时，创始人有很浓烈的小镇情结，在我们的沟通中时不时会讲起他非常喜欢的电影《芙蓉镇》中的场景，电影中展现的小镇是他一直以来的梦想之地。因此，"庄家小镇"这个品牌诞生了。

我认为品牌故事不是传说，不是虚构，是一种精神的表达和演绎。品牌故事可以是品牌发展时的经历，也能够是创始人的初心。品牌故事是品牌有温度的情感表达。

在撰写文案时，我通过第一视角的表达，通过在湘西流浪寻找美味与亲情的羁绊，将故事串联。从"一九六三年芙蓉镇的回忆"展开，通过时

第三章
"感受"的前提是"认知"

间线和家人的手艺一路找寻当地的传统美食,最后"将味道装满背篓",以"好湘,有味道"点题。

文案中描述的"风、雨、雪、阳光、迷雾……"是自然天气;"茶叶、烟、板栗、蜜橘……"源自人人都知晓的生活;"米豆腐、酸汤、血粑鸭、榜爷酒……"是湖南的特色佳肴。这些都来源于生活的素材。

我们用生活中的物件,描述一个有特色的场景,传达真实地生活与浓厚的亲情。庄家小镇的大部分店都开在苏州,据说食客中有非常多的湖南人,在庄家小镇他们找到了在家乡的感觉。也许这就是创始人想要的,以家为始,用心经营。

(2) 书本知识的普及输入

还记得孩提时代,我们学的古诗吗?

鹅,鹅,鹅,曲项向天歌。

白毛浮绿水,红掌拨清波。

骆宾王的《咏鹅》或许是传唱度最高的一首唐诗,甚至到了还未学写字就会背《咏鹅》的程度。

在成长过程中,我们背了无数篇课文,学习相同的学科内容。书本知识的普及输入使得彼此的认知趋于相同。

王品集团旗下的鹅夫人在2018年做品牌升级时提出了一个广告语:鹅,鹅,鹅,鹅夫人。采用的就是大家对于古诗词"咏鹅"的认知。

关于古诗词的采用,我们还需要提到美国知名的化妆品品牌Revlon,中文品牌名为:露华浓。

"云想衣裳花想容,春风拂槛露华浓。"李白的诗词本用来盛赞杨贵妃。Revlon取了"露华浓"三个字,让品牌的"美丽"瞬间有了画面感。

知名度非常高的IKEA家具品牌"宜家",源自《诗经》中的"之子于归,宜其室家"。

起名有时候也是文案人的一项工作。我们常常说，起一个好名字能够为品牌节约非常多的广告费，这句话一点都不假。

利用我们的认识去链接品牌，是一件非常过瘾的事情。就好像我们在品牌中偷偷植入了一个芯片，能够一眼让消费者注意到它，有可能会一见钟情，特别神奇。

（3）商品及广告

商品即信息，产品即媒介。广告不仅有广而告之的作用，还能够影响人们的钱包。

出门能看到公交站广告、大屏广告、户外广告，回家还能在等电梯的时候看会儿广告，指着广告里出现的商品说："这个我家也有。"

品牌通过大面积的广告传播，进入千家万户，这种威力几乎可以与日常的生活认知相媲美。当然，能够做到家喻户晓的广告，恐怕还得属"脑白金"。脑白金的"今年过节不收礼，收礼还收脑白金"，在十几年的广告持续轰炸中，当仁不让成为大家心中能够立刻想到的广告。

我们不得不承认广告和商品正在深刻影响我们，认知的范围不断扩张。当认识边界扩大到一定程度时，我们在交流中用"蒂芙尼蓝""爱马仕橙"，也不会有任何的不适感。就像女生说化妆品时喜欢说"小棕瓶""萝卜丁""粉水"，完全忽略品牌，商品的某个物理特性变成了大众可以识别的点。在广告中，文案上甚至会直接打出"白胖子，限量抢购"。

"祝你百事可乐！"写这句广告语的文案可能没有想到，广告片的传播会让这句话出现在学生互赠的贺卡中。认知的魔力是让广告文案进入生活成为认知，又能够不断被提炼和传播再次触发认知，循环往复。

（4）专业领域与技能知识

网络的兴起，使素人通过网络获得高关注，科技、通信的发展让不同

第三章
"感受"的前提是"认知"

时代的壁垒被打破,大众认知的广度在加大,但是不得不意识到,圈子也逐渐形成。"圈地自萌"的"饭圈文化"让有着相同爱好和兴趣的人能够千里相会、万里相认。

信息的输出使我们想要了解一项知识、了解一件事情变得简单。只需要学会"搜索"的技能,该领域就有成千上万的老师在线上输出任何我们想要了解的知识。

但是这也意味着,一件事一个领域,我们如果不感兴趣,大数据也不会主动推送到我们面前。圈子的墙壁在信息流下看上去坚固了很多,这也预示着每个人接收到的信息都不同。

专业领域板块的知识由于普及性较低,会变成少部分人的认知。但是它重要吗?在写文案时至关重要,核心变化是在写文案时尽可能不直接使用专业领域的词,而是将它转换成普通大众也能懂的语言。

【娱乐咖　有格调】

在《琅琊榜》中学习布景、练习构图

在《黑镜》中尝试构思、创造脑洞

《阿甘正传》中的白羽毛将长镜头叙事变得动人

《战舰波将金号》将蒙太奇列入历史

争论斯皮尔伯格与黑泽明谁对电影更有贡献

追溯猫王与披头士谁更容易让人疯狂

四大天王成为过去

下一个迈克尔·杰克逊还未到来

懂美学、能构思、会摄影、善词曲

VPAN 懂娱乐更有格调

VPAN 是一个类似 U 盘外形的无线接收器。不仅有像 U 盘一样的存储能力，还能够通过无线观影和听音乐，变成一个影音的终端设备。

这份文案在本质上是属于小众的，我在撰写时特意将"格调咖"提上案面。从音乐、电影爱好者所喜爱的角度去诠释，告诉大家 VPAN 是了解这类群体的，并且还做得相当专业。

在群体内的人看到后会有共鸣，作为一个娱乐咖看得不是热闹，也不仅是电影的剧情，还会研究"服道摄"（服装、道具、摄影），更深一点甚至会讨论"空镜头"的作用。

对普通观众和听众而言，文案所表达的产品精神和制造的专业感受非常强烈，一样能带来深刻的感受。

归根究底，文案的创意从根本上需要使用的是创作者的洞察力，有能力将品牌或者产品的优势提炼出来，变成人无我有的核心价值。然后通过认知的提取，创造出富有情感的广告文案。

我们之所以花非常多的篇幅去解释、划分认知，无非就是想要找到触发我们情感的开关。好文案都是触动我们情感的，情感的开关在哪里？是认知！找到了开关，等于发现了中枢，我们可以自由地创造属于我们的情感文案之旅了。

第四章

4

用情绪调动消费者的感受

1. 文字是自带感情的编码

文字是自带情感的,每一个字都有不同的解释,组成词语后又有新的释义。比如:"原力"一词,出自美国科幻电影《星球大战》。《星球大战:新的希望》中绝地大师欧比旺·克诺比(Obi-wan Kenobi)是这么解释"原力"的:"它是所有生物创造的一个能量场,包围并渗透着我们,有着凝聚整个星系的能量。"

当我们第一次看到"原力"时,大概能感受到它自带的力量感。这源自我们长时间受到中国文化的熏陶。哪怕我们并不知道《星球大战》,也不妨碍我们能够感受到"原力"一词本身带给我们的能量感。这种感受,就是我一直想表达的,无形却存在,能够触发人们的记忆、引发情绪的感受。

如果我们非常清楚"原力"的缘起,并且对《星球大战》有着强烈的喜爱,当我们看到这个词的时候,会有更强烈的感受,可能有认可、喜悦,或者是能量翻倍的感觉。

可以说,"原力"的大小来自我们对于一个词的理解程度和认知的深度。

古人非常喜欢在诗文中引经据典。"庄生晓梦迷蝴蝶,望帝春心托杜鹃"出自唐代诗人李商隐的《锦瑟》,一句话包含了"庄生梦蝶、望帝啼鹃"的典故。

"庄生梦蝶"是《庄子》的一则寓言,说的是庄周梦见自己身化为蝶,翩翩起舞,完全忘记自己是"庄周"。梦醒,不知蝴蝶去向,才知是梦境。

"望帝啼鹃"源自传说,周朝末年蜀地的君主,名叫杜宇。他原本深受百姓爱戴,为治理水患前去修道,草率地将王位禅让给宰相鳖灵。结果

第四章
用情绪调动消费者的感受

鳖灵身居高位后在蜀国推行暴政，使百姓们苦不堪言。望帝后悔不已，死后魂化杜鹃，日夜悲鸣，啼到吐血才停止。

知晓典故的世人很容易通过他的描述联想到诗文引用的故事场景，把读者带入一种既梦幻虚妄又哀恸悲伤的复杂情绪。

"引用"是一种语言组织的技能，由来已久。通过文字的重新编写的"引经据典"是一种"引用"；原文抄录后用来引申和佐证的也是一种"引用"。"引用"能够在最少的时间内让读者明白作者的意思。

大家对没有听过的词语句子，往往需要花一些时间去思考。比如：我们在中学时学古文，一段很简单的文字解释成白话文可能是一个长句子。有时还会涉及典故，需要更深的研究，才能明确行文中的具体情况。

不清楚"庄生梦蝶"就感受不到庄子化蝶的梦幻；不知道"望帝啼鹃"就不了解他所传达的悲情感受。今人学习古人典籍，为的就是了解文化和内涵，更能深刻感受前人留下的著作内涵。

对比今时今日的文案创作，如果太过于挖深，不利于读者、消费者们的理解。所以需要用现代语言，加上对消费者的洞察和品牌的需求，写出能影响目标读者的文字。

文字是自带感情的编码。组合模式依据需求展开。对应不同的文化、阶层和人群，展开不同的组合机制。

马乐乐的广告语："孩子情商高，贵人自然多。"面对的是有孩子并且有一定文化程度和教育理念的家长群体。

"爷爷很认真，米饭香喷喷。"伽力森小灶米饭的广告语相比马乐乐的广告语更"接地气"。词语简单，小朋友看到了都能阅读和理解。相比较情商教育，米饭的市场是大众的市场。"民以食为天"，对于老百姓来说，一碗香喷喷的米饭就代表着一个温暖的家。

通过文字编码产生的不同情感内涵，并且在"引用"时通过"文字"的组合触动消费者的认识，自然能够获得更多的认同。

2. 通过七情六欲找到核心感受

提起七情六欲，我们就会联想到凡尘。好像尘世间的人才有七情六欲。七情六欲是一种心理反应。不同学派对七情六欲内容的描述有所不同，医学上的七情是指喜、怒、忧、思、悲、恐、惊，感情的表现或心理活动；六欲是指人的眼、耳、鼻、舌、身、意的生理需求或愿望。

七情六欲是一种能力，能够让我们共同生活、繁衍和共情的能力。

情感是人与人沟通最直接的方式和桥梁。"真诚"的诉说永远比"假惺惺"的美化更能牵动人们的心。七情是人们的感受，通过六欲传达完成心中的欲望。

广告文案的宣传目的就是调动人们的情绪（七情），令人心动，然后完成六欲的行动。

写好文案时要善于调动人的情绪，我将七情中摘出"喜怒忧思"作为文案创作的情感基调，并加以归类。"喜怒忧思"四大情绪中，分别对应着人们不同的感受。

（1）喜

正向的喜悦与开心，是每个人内心都向往的平静与喜悦。

与家人在一起的温暖时光，与朋友在一起的酣畅淋漓，与爱相关的浪漫美好，我们都可以归纳为"喜"。

第四章
用情绪调动消费者的感受

（2）怒

"怒"不仅仅是愤怒那么简单。愤怒的原因，可能源于内心的不甘，可能有对现实不公的反抗，还有可能是对自己的一种鞭策……

这里融入了呐喊、融入了励志，同时是一种立志的人生。

（3）忧

"忧"总给人一种"不确定"的感觉。忧的本质是对自己的不相信，对未来的不确定。父母担心孩子在外是不是吃饱穿暖，是不是开心快乐；在外打拼的人担忧自己能不能在大城市立足、崭露头角。"忧"是一种关怀，也是平常心下的温柔。

（4）思

"思"，思索、思考、思想、思念……

思是一种更深层次的探索。企业做品牌和产品，采用更优质的原料、更好的设备，提供更优质的服务，都是"思"的表现，誓为消费者而思，为使用者而思。

不论品牌打造的是品质感、高端感，还是性价比和超值感，都是为不同人群"思"后的结果。

企业为社会承担责任，品牌成为企业与消费者沟通的桥梁，企业所思的责任感和品牌想要表达的承诺，都通过"思"来呈现。

"喜怒忧思"几乎能够概括常见的文案核心。但比情绪更核心的是文案人的心。文案人有义务要心怀美好和真诚。

文字的力量是强大的，甚至可以影响人们的情绪。如果那些善于煽动情绪的人不能好好善用文字，会带来很多的"恶"。所以，我更期待文案人能够善用，将文字化为真实情感下的呼喊，带有"爱"和"正能量"。让每一个经过我们手中的产品，都带着"真善美"，让我们带着真诚的能量自信地传达想要表达的内容吧！

第五章

善用"喜怒忧思"写文案

秒传文案

我发现，写文案时一旦学会调用"喜怒忧思"的情绪，定能够事半功倍。正如列宁所说：恰当的语言抵得过千军万马。

我曾在前文强调过，好文案是有情绪的，情绪来源于认知，认知触发情绪。文案就是文案人通过文字与消费者交流的方式，通过情绪的触动达到让消费者心动的方法。

而利用"喜怒忧思"这四种情志，无疑是找到了快速通道的钥匙。而方法又极其简单，总结出来就是一句话：利用带有情绪型的文字写文案！

以下三个招数可以看做是文字写作秘籍里的小法宝：

招数一：找到带有"喜怒忧思"的文字，或与之相关的文字。

招数二：文案语句通顺，加入情绪相关的语音语调。

招数三：运用情绪共情法！

如此拆解是不是超级简单？任何一种方式都能写出畅销文案！

招数一：找到带有"喜怒忧思"的文字，或与之相关的文字。

文字是有情感、情绪的，是有生命的。选择与情绪相关的文字就是选择情绪；加入词语就是加入情绪。字与词都是情绪的召唤。

比如，我们给伽力森米饭写的广告语："爷爷很认真，米饭香喷喷。"

爷爷是人物，我们每个人都有爷爷，大多数人对爷爷的感觉是温暖和温馨的。

"认真"是做事的手法，我们从小就被教导"做事要认真"。"认真"仿佛是一个咒语一般的存在。小时候考试要认真答题；长大工作了要认真

第五章
善用"喜怒忧思"写文案

做事……做事一定要"认真",仿佛成为做人的一把标尺,践行好人好事的标准。但凡"不认真"就会出现纰漏,"认真"则是一朵大红花,是对每一个做事负责的人的奖赏。

"米饭"在我们生活中是钢铁般的存在。人是铁饭是钢,一顿不吃饿得慌。米饭是我们全人类的养分,在粮食界拥有至高的地位。

"香喷喷"是嗅觉,又富有画面感。此刻,我仿佛看见了一颗颗白色饱满的大米粒冒着热气,香喷喷,令人食指大动。

"爷爷很认真,米饭香喷喷。"这是生活中的欢喜,运用了"喜"的情绪。没有人能够拒绝爷爷每天花最多的时间研究吃饭,将好吃的米饭送上餐桌,等最爱的家人一起享用。

招数二:文案语句通顺,加入情绪相关的语音语调。

口语化、节奏化的句子能让文案读起来朗朗上口。同理,"爷爷很认真,米饭香喷喷。"就是运用了文字对仗的表达。"爷爷"对"米饭","很认真"对"香喷喷"。语句不仅通俗易懂,还十分轻松好记。

黄霑为人头马写的经典广告语:"人头马一开,好事自然来!"这句话中最后一个"来"字,犹如召唤术,召唤着好事发生。就像每到节日、婚礼等喜庆场景时,大家都喜欢唱《好运来》。"好运来,祝你好运来!好运带来了喜和爱。好运来,我们好运来。迎着好运兴旺发达通四海!"这个时候你大概率会忍不住哼唱起来。这就是语音语调的力量,让人不由自主地会在脑海里反复哼唱且久久挥之不去!情绪上还带着喜悦,越想越觉得开心,好运将至的感觉。

招数三:运用情绪共情法。

越是敏感的人越容易共情。共情来自相同或者是类似的经历。那句"甜过初恋"是对"初恋"这段感情的共情。

"初恋总是美好的。"不知何时有的这句论断,但不妨碍大家这么认为它。没有谈过恋爱的朋友因为这句话向往爱情,谈过的则在心底回味,回忆曾经懵懂的自己如何与初恋分道扬镳。所有人对"初恋就结婚"的夫妻都表示羡慕和嫉妒,仿佛他们的爱情就等同于"纯粹、简单、真诚"!

当一颗橘子告诉你它甜过初恋,意味着这是一颗世界上最美妙的橘子了。这让我们如何不心动?这就是共情的力量!

下面,我们分别从"喜怒忧思"四种情志延伸出来的情绪进行分析,单独讲解如何运用三种"情绪型文字写作法"写出好文案!

1. 喜

看到"喜"字，我就觉得这个字饱含深情。喜代表着希望，有希望就有愉悦，仿佛能看到一张张笑脸面对着我，也能听到清脆而响亮的笑声。

在文案中，喜包含着快乐、幸福的感觉。当人们阅读到文案时，能够会心一笑，就能带来很美妙的感受。

运用我的方法：利用带有情绪的文字写文案！我称之为：情绪型文字写作法。

我们使用三种方法逐一攻破文案写作时的焦虑、无从下手、言之无物的问题。

招数一：找到带有"喜"字，或与"喜"相关的文字。

招数二：文案语句顺且愉悦，语音语调上扬。

招数三：运用情绪共情法。

以上是在总方法中的进阶用法，随着情绪不同，使用不同的小类目。大家在学习后也可以将自己产生的小创意小方法运用到实践中。在这，我当是抛砖引玉。

首先，我们运用招数一。这招是最简单直接的方式，简直可以说是"情绪的直给大法"。我们先回忆，或是拿出字典翻找一下，哪些文字是带有"喜"，或者是与"喜"相关的。这时我们需要一个情绪文字库，里面有日常认知中与我们情绪相关的文字。一旦文字库建立，我们便如鱼得水。

喜：喜、爱、欢、庆、暖、光、彩、悦、情、好、甜、表白、心、笑、乐、趣、抱、欣赏、可爱、自信、舒服、知己、朋友、友情、相聚……

与"喜"相关的文字有很多很多，我们可以通过日常的积累去丰富情绪文字库，记录下来。小时候，我们常常喜欢做"摘抄录"，把自己喜爱的文字摘录到笔记本上。本子里有名人警句，也有处世之道，更有关于爱情友情的只言片语。现在的记录则更简洁方便，只需要利用手机就能建立起丰富的知识库，使用时只需检索就能跳出答案。

我一直有保存优秀文案和广告的习惯，当我在写这本书的时候，我的文字库给了我非常非常大的帮助。我只需要检索就能够找到相关的案例。这招还能用在日常工作中，不管是成立自己的灵感库，还是为案子做调研，屡试不爽。

当我们有了越来越多的情绪文字，我们在写文案时就有了底气。

当我们决定要把文案写成"喜"的情绪之后，就要思考这个"喜"是关于什么的呢？

文案的场景在哪？对象是谁？产品是什么？

对此，我们还需要将"喜"细分，我把"喜"分为四个类型，分别是：爱的欢喜、生活的欢喜、文化自信的欢喜、幽默的欢喜。

这四个类型几乎能够涵盖"喜"在文案使用中的方方面面，也是我在分类过往数万条文案案例得来的总结。当然，如果你有任何想要细分的品类可以继续细分存档，变成你独有的情绪文字库，也欢迎大家一起分享探讨。

（1）爱的欢喜

在喜中，最直观的感受是有关爱的表达。刘丰说："爱是三维世界中能感受到的最大能量。"心中有爱，就有喜悦和丰盛。

在文案中使用"爱的欢喜"，最典型的是与爱情相关的产品或者服务。

第五章
善用"喜怒忧思"写文案

比如戒指、婚纱、家具、首饰、手表等。因为购买这类产品或者服务的都是"有情人"。品牌给出消费者的购买理由是"爱"。

当我们看到产品的消费者与品牌贯彻的理念,就能自然地选择我们想要表达的情绪了。有些朋友会有疑问,难道我不能用"恨"的思路来卖戒指吗?比如单身戒指。

当然可以,选择何种情绪表达文案是文案者的权利。你有创意的权利。只要你能说服甲方出街就行。

铁达时手表有一句广告语这样写道:"唯有时间,让爱更了解爱。"

一个"爱"字昭然若揭,符合了关于情绪型文案最简单直接的表达。这句爱的表达与情感是用时间来证明的,也十分符合铁达时手表的产品特性。当年铁达时做了很多与爱相关的主题广告,都让人影响深刻。

有一部广告,剧情设定了男女主角生活在一个婚姻需要年年签约的城市中。婚姻持续的时间越长,续约费用越便宜,时间越短,费用越高。男主角的工作是一名结婚签约员,每日游走在不同的家庭,有的人不断续签,有的人不再续约,每天都能看到形形色色的婚姻,往往并不像人们最初想象的那样美好。他和自己的女友也因为是否要结婚引发了危机。

有一次,他遇到一对非常有趣的夫妇,白发苍苍,但是依旧一年一续。男主人公问为什么?老爷爷说,因为老伴生病之后记忆力衰退,所以,他想每年都跟她求一次婚。直到后来,老爷爷突然一下子签了100年。男主十分诧异。老爷爷解答:"因为老奶奶时日无多,他想预约她的下辈子。"

虽然有人在婚姻中遇到痛苦和折磨,但是同样有至死不渝的爱情和美好。男主人公想通了以后与女朋友和好如初。广告围绕着文案:Time is love。唯有时间,让爱更了解爱。

铁达时还有一句特别经典的广告语:"不在乎天长地久,只在乎曾经拥有。"这句话影响了非常多的人。我也非常喜欢周润发与吴倩莲以"天长地久"为主题拍摄的铁达时手表的广告。

广告中没有对话，故事发生在战争年代。一名军人与他的爱人结婚后过着非常幸福的生活，但是战争让两个人不得不分离。军人上战场前的一刻留给妻子一块手表，背面刻着天长地久四个字。这是他们感情的见证，但是随着"不在乎天长地久，只在乎曾经拥有"广告语的出现，我们知道也许那一面就是最后一面。

以喜悦的婚礼为开场，最后，以"天长地久"为背景的拍照为结束。我们的心被广告故事所影响，感受快乐，感受悲伤，还有不甘心与期待，都放进了一个故事，一句"不在乎天长地久，只在乎曾经拥有"的文案里。

文案创作有时候是十分有趣的，因为文字的组合可以出现在很多地方，有时候是一张海报，有时候是一部广告片，还可能变身为一部电影。所以，文字可以变化，情境可以有很多种，但是情感是相通的，为爱而喜，为爱盟约。

同样，铁达时还有一句广告语是："在一起，昨天今天明天，都是圆满。"

没有"爱"字一样能表达爱。文案中的"在一起、圆满"就代表了爱，而"昨天、今天、明天"都是时间的显化和代名词。这时，我们的"喜"字情绪库中又能多一个"圆满"。

"为你做的每件小事，都是爱的证据。"出自珠宝品牌 PANDORA 的广告文案。

每件为你做的小事都是证据，证明了那句：我爱你。

文案的情绪跃然纸上，"爱的证据""为你""小事"都仿佛是一部电视剧的故事梗概。

这句文案有关于爱的欢喜的文字，又用了一些证据佐证了爱。那就是爱的欢喜的情绪外延。符合了第一招：带有喜字的文案。

"为你做的每件小事，都是爱的证据。"一个人爱不爱你，从小事上就能够看出来。平日里的嘘寒问暖，节日里的细心浪漫，时不时的关切和动

第五章
善用"喜怒忧思"写文案

不动的想念都是喜欢和爱的证据。如同滴滴打车的广告文案：真正喜欢你的人，24 小时都有空；想送你的人，东南西北都顺路。王品台塑牛排的广告语：只款待心中最重要的人。

三种类型的文案，代表了三个次第，从承诺到细节。不同的切入点，但是情感却一样的真挚，都带着爱的喜悦。

"真正喜欢你的人，24 小时都有空；想送你的人，东南西北都顺路。"这句文案里有"喜欢、想"，拥有"喜"情绪文案的文字；同时，这句话还是对仗的，"有空、顺路"让两句文案顺理成章变成一个组合。符合招数二：文案语句顺且愉悦，语音语调上扬。

"只款待心中最重要的人。"这句文案中"只、款待、心中、最重要"几乎字字都在"爱"字的中心点疯狂试探。这句话没有一个"爱"字，但是却把"爱"表达出来了。"爱"不就是想给她最好的，她永远都是那个心中的唯一吗？

与这句文案类似的还有：爱她，就请她吃哈根达斯。

当年有多少少年为了请心爱的女孩子吃哈根达斯而节衣缩食。这句文案在当年有强大的杀伤力。但是哈根达斯没有沿用，更换成了"尽情宠自己。"

时代变了，女性能够自己买得起冰激凌，并不一定需要男士的馈赠。"宠"字不就是"爱"的另一种表达吗？爱自己，所以宠自己。

关于"爱的欢喜"这种情绪没有变，变得是诉说对象，从男士变成了人这个个体。喜欢甜品热爱冰激凌的消费者是哈根达斯的消费者，不论男女都能宠爱自己，买自己喜欢的冰激凌犒赏自己。

这句文案不仅有喜的情绪，还有情绪的共情。情绪型文案的招数三：运用情绪共情法。

文案提到"自己"，自然就会让消费者联想到自己。"自己"与"我"有同样的魔力，因为是"直给"的表达，不由我们去思考，认知习惯会让我们自我匹配。一般都是先匹配再决定买不买，但应该没人会拒绝"宠自己"吧。

中国台湾制片人、导演陈玉珊曾在采访中被问："观众们认为《狼殿下》的偶像剧特质浓烈，台词的感染力特别强，背后的原因是什么？"

陈玉珊回答："可能是我们团队的风格。我们很喜欢这种台词，比如渤王射星那场戏，'你这样是没办法射穿我的心的'，写出来的时候，我称赞得不行。我们就喜欢角色给我们的酥麻体验。他讲恶毒台词的时候，我们也很想杀他。我给编剧的要求都是，不准用'廉价'的方式表达，这部剧从头至尾都没有一句'我爱你'，因为'太廉价'（直白），几乎我的戏都不太说这种话。我们在用那种暧昧而不说，但说出来又恰到好处的方式。（对文字诗情画意的把握能力）"

我觉得陈玉珊导演的表达很有建设性，就像"我爱你"三个字，如果直白表达，说得太多，大家就会出现审美疲劳。文字的巧妙之处在于写文字的人能够通过不同的文字组合达成"我爱你"的效果。

还有一点，中国人骨子里是怯于说"我爱你"的。哪怕用英文"I love you"，也绝对不会直接表达"爱"。这与我们的文化和多年来接受的教育有关。

百年润发的文案：如果说人生的离合是一场戏，那么百年的缘分更是早有安排。这句文案讲了爱，但是却没有直给爱字。就像有关喜的文案不代表一定要用喜字，而是能够用喜相关的文字，甚至是只表达情绪。

人们的骨子里，总是会期待着"一生一世一双人"，所以，当Darry ring婚戒提出广告语"一生只送一人"时，它重新给市场上的消费者带来了一个全新的购买钻石戒指的理由。Darry ring之所以这么宣传，与他们的定位有关。凡是购买Darry ring戒指的人都要提供身份证，进入系统后，只能给一位爱人赠送，不可再为他人购买。这样的设定让很多相信爱情的男女为之心动。"一生只送一人。"给了大众"唯一"的感觉。那种喜悦感

第五章
善用"喜怒忧思"写文案

代表了"纵使弱水三千，只取一瓢饮"的浪漫。

"一生只送一人。"这句文案没有爱字却传达了一辈子唯一的爱。文字的美好就在这里，看似6个字却写满了故事。

"我们，依靠着的两个人，叫「从」一而终。"出自林晓同钻戒，同样给人十分浪漫的感觉。文案将人字组合，利用拼字把"人"变成"从"而后引申到"从一而终"，仿佛能在字里行间感受到"至死不渝"的情感。这句文案特别像恋爱时的誓言，由我变成我们，一个人加上另一个人，从一而终。这段文案有很强烈的共情感。

讲到爱情，有唯一，但也有悲欢离合。爱情之所以伟大和难以琢磨与控制，因为爱情不仅仅只有浪漫感，也有冲突和小心机。

"爱情是，永远有和好的捷径。"（出自宜家文案）

"捷径"这个词很多人都喜欢，我对这个词也是既爱又恨。但是文字是没有性别和好恶的，用得好不好、妙不妙，还得是使用文字的人。文案中"和好的捷径"就很妙，让有爱的人没那么容易分道扬镳。这句文案放到爱情剧中也十分合适。总有些恋人明明相爱却误会重重。现在流行"嘴替、助推"，让有误会的两个人快速和好的利器，就是他们的爱情捷径啊。

"Mark your man。"出自《广告狂人》中的口红广告。这句文案非常之精彩，如果翻译成中文，直译：标记你的男人；我更倾向翻译成：烙印你的男人。

这句文案是关于爱情的小心机、小窃喜，不同于用生活相处中的细节去表达爱，更像是一种暗度陈仓、昭告天下的霸气。

如果提到爱只有轰轰烈烈一定是不完整的，加上了生活中的平淡与真，也不够。"Mark your man。"是一种剑走偏锋，是能够让人会心一笑的表达。

除了明恋，暗恋在爱情中也当有一席之地。

比如，"这个世界，总有人偷偷爱着你。"出自999感冒灵感恩节走心视频广告文案。

比如，"每个惊喜背后，都是开不了口的我爱你。"出自唯品会 2017 年周年庆广告《开不了口》的文案。

"偷偷、开不了口"都是对暗恋清晰的描写。不知是谁写过"暗恋是一个人的兵荒马乱。"暗恋的美好不亚于初恋。两者甚至还有共通之处，很多小说、影视剧中甚至将两者结合。人们喜欢爱的甜蜜，但是也沉醉于叫人猜的暗恋。所以，文案中爱的欢喜也可以从多维度、多角度来表达，期待着大家一起去发现。

（2）生活的欢喜

生命中一定不可能只有爱情，还有生活。无法领略生活中欢喜的人不足以谈爱情。那如何获得生活中的欢喜呢？

统昂·曼仕德咖啡的文案告诉我们：生命就该浪费在美好的事物上。沃尔沃说："别赶路，去感受路。"而爱彼迎特色民宿的文案给我们的小建议是：睡在山海间，住在人情里。如果实在不行，就参照半晚的文案：一杯入肚，世界和自己都立刻可爱起来。或许还能够用马克·吐温对德国最富裕的温泉城巴登巴登的评价："五分钟忘掉自己，二十分钟忘掉世界。"这句话也成了巴登巴登最好的宣传文案。

生活的欢喜一定来源于我们大部人生活的缩影。生活中的细节、新闻里的"鸡毛蒜皮、正惊四座"、电影电视剧里的"潇洒与苟且"、书中的"才情与恩怨"……都能够化为我们文案写作的灵感。

对于"生活的欢喜"这类情绪，我们同样可以运用三招写作公式：

招数一：找到带有"喜"字，或与"喜"相关的文字。

招数二：文案语句顺畅且愉悦，语音语调上扬。

招数三：运用情绪共情法。

半晚的文案：一杯入肚，世界和自己都立刻可爱起来。提到"可爱"

第五章
善用"喜怒忧思"写文案

没有不莞尔一笑的吧。"可爱"永远会跟"小小的""娇弱的""萌萌的""软乎乎"等词或画面联想到一起。"可爱"同时是一个非常有喜感的词语，带有一种独特的魅力。国外有一个广告的 3B 理论，"Beauty、Beast、Baby"。三者分别代表了最为吸引人的广告画面，只要有可爱的婴儿、可爱的动物还有美女，就有流量，有广告停留时间。

与"喜"相关的词语，"可爱"必须名列前茅。"一杯入肚，世界和自己都立刻可爱起来。"这句话的语音语调非常温柔，尾巴上一个"来"字将语调直接上扬，十分符合"文案语句顺且愉悦，语音语调上扬"的特点。

说起可爱，还有一个词一定会被联想到，那就是"美"。

提到"美"字，可以是美人，也可以是美景。美代表了好看、令人满意，自带"喜"的情绪。

我们为一家美容院写过一句广告语：塞莱维，滋养你的美！

这句文案直接将品牌名和品牌想要传达的理念一起喊了出来。塞莱维是品牌名，来自于法语"C'est la vie."，意思是：这就是生活。品牌方在成立塞莱维的时候就有一个希望，他们觉得女性的身份非常多样，有很多压力在身上，他们希望塞莱维不仅是美容院，也可以是为女性客户散去疲惫之地。

在经过调研、挖掘之后，我们决定用"滋养"这个词。"滋养"有养育、培养的意思，也代表养分和养料。"滋养你的美！"首先认可的是"你本来就美"！女性的美从来都不是千篇一律，就像天下没有一片叶子是相同的，天下没有一朵花儿是不美的。美不美在于自己是不是认可自己。因此，哪怕是为美容院做广告方案，我也绝对不会说要把你变美，这不是我的初心。

当我们提出广告语"塞莱维，滋养你的美"时，品牌方没有任何疑虑，品牌方主理人甚至脱口而出："没有女性不需要滋养！"这句话一锤定音，深得在场所有人的认同。正因为如此，我们的文案顺利出炉，成为塞莱维与客户们沟通最多的宣传文案。

"塞莱维，滋养你的美！"这句话是充满关怀和爱的，让女性感觉到生活中有这么个品牌、这么个地方在乎她，让她能在疲倦的某天感受到一丝生活中的欢喜。与此同时，我们的广告语也是品牌对于消费者的一种寄语和承诺。因此，我也将它比作"思"的情绪，代表了品牌的责任与担当。

许多时刻，文案的情绪并不仅仅只有一种。我虽然将方法分类为"喜怒忧思"四种情绪，但也有个别情况，文案的表达是多角度的品牌精神的传达。我们要了解的是，人是多变的，也是多面的。因此，我的"招数三：运用情绪共情法。"意思就是去共情，不管品牌方要我表达什么，我作为文案人一定要先站在消费者、客户、产品使用者的角度去思考我想要什么，在成为一个文案人之前，我首先得是一个好的消费者。先说服我自己，才有可能影响他人。这也是为什么"滋养你的美"能够瞬间触动品牌方的原因。

沃尔沃的文案：别赶路，去感受路。其中"感受"一词就是对情绪的一种共情。我们所有的情绪都来自"感受"，感受当下所处的位置，感受当下的心态变化，情绪的波动……我们一旦提到"感受"，情绪自然会波动，想起很多过往，或者是对未来的期许。"别赶路"，放下的是对快速到达目的地的执念，"感受路"是欣赏旅途中的风景。爱彼迎（Airbnb）是以做全球民俗出租起家的，它的文案：睡在山海间，住在人情里。用一句话掐中了爱彼迎的品牌初心。人与人之间的情感链接不过就是"人情"二字。这两个字在我们的社会认知里就是"你帮帮我，我帮帮你"，一旦牵扯了"人情"，那就是朋友、亲人，一种不能被金钱束缚的关系。"住在人情里"让消费者与房东之间的感情好像走近了一步，不是单纯的买卖关系，从陌生人变成朋友，是能够互相提供关怀的人。

"山海间"则是对旅行地点的描述。旅行就是人从自己熟悉的地方到他人熟悉的地方玩儿，要的是一种纵横山海的感觉。那种感觉也许是因为

第五章
善用"喜怒忧思"写文案

陌生感带来的惊喜,也许是换了一个地点的放空,不管是哪种,"睡在山海间"都让人有种莫名的期待感和新鲜感。

"睡在山海间,住在人情里。"文案是一种情绪上欢喜的表达。文字简洁没有任何描述性的词,但不管是"山海""人情""睡""住"都是生活中常见常用的字词。不过这些字词组合,有了心旷神怡、温柔以待的共情之感。

马克·吐温对德国最富裕的温泉城巴登巴登的评价:"五分钟忘掉自己,二十分钟忘掉世界。"你看,大作家的用词就很反向冲突,他没有顺着说温泉城多好,而是用"忘掉"来表达他的情绪。"忘掉"是一种清空,是对身体和思绪的一种洗礼。"忘掉"单独看并不在我们"喜"的情绪当中,但是"忘掉自己、忘掉世界"却在情绪上拉满了大家对于泡温泉"放松、惬意、舒服"的美好想象。"五分钟、二十分钟"是对进入温泉城的宽泛概念,让时间变得具体,让情绪变得更真实!

"招数三:运用情绪共情法"是三种方法里最难的一种。情绪共情首先在于对情绪的了解、掌握和把控。这里的"把控"是指对情绪文案编制的能力。

首先了解情绪,我们势必要对自己平日里的生活有觉察,不管是开心也好生气也罢,觉察情绪背后的原因会让我们更快速地了解情绪。觉察情绪,与情绪共舞,善用情绪的力量能在传播中事半功倍。我在写品牌文案的时候,常常会问自己,如果是我买品牌方的产品,什么特性对我有吸引力?当我的目标客户是小朋友时,我就会回忆小时候的心态,体会什么样子的情绪是我在幼年时所期待的?情绪共情有时候是自己跟自己的较量,有时候又是去体会不一样人生的方式。

随着对情绪型文案的深入探讨,我们可以在具体案例讨论中丰富对"情感共情"的理解。

《三生小筑》品牌文案

雨打莲蓬

船起波澜

思绪蹁跹

梦一处为念

星灯闪闪

抵月之分毫

酒香熠熠

羞肉之毫厘

热酒一壶

围炉一坐

举杯之邀

对饮三人

当我刚接到"三生小筑"这个案子的时候，甲方什么构思都没有，只跟我说他想和另外两个朋友开个以苏州文化为底蕴的养生火锅店，希望我连夜起名、做创意、写文案。

为品牌命名，这在我的职业生涯中绝对算得上是最难的任务之一。命名的学问很多，不光要简洁好记，最最重要的是要拿到商标注册证。注册商标相当于给孩子上户口，没有商标就意味着随时有侵权的可能。

甲方做生意的初衷就是想和朋友们开一家属于自己的店，这是三个男人之间的生意经。结合这个点，我为这个养生火锅取了"三生小筑"的名字。"三生"代表了甲方合作者三人，"小筑"意味着他们三人之间的茶炉夜话、举杯共饮。很快，这个名字就通过了，于是有了"一锅一世界"的

第五章
善用"喜怒忧思"写文案

广告语,还有"举杯之遥,对饮三人"的品宣文案。

"乌篷船""酒家""围炉""对饮"都来自我对苏州之地的感受。还记得那首经典的诗句吗?"姑苏城外寒山寺,夜半钟声到客船"。谈起苏式文化一定逃不开这首诗,也逃不掉江南水乡的氤氲之感。而我在这种苏式文化氛围中多加了一味,"举杯邀明月,对影成三人",这是我对三位老板小酌共饮的情绪表达。哪怕三个人变成一人,一样有诗有酒,一样能谈天说地,与三人在一起时无异。

我希望借用古诗词的韵律,来唤起大家的诗意感受。文字有熟悉感,是非常好拉近品牌与消费者关系的方式。当我们看到文案,能够有美好的诗意联想的时候,确定了你我之间是有一个共鸣的。除了文字本身自带的情感之外,还有一种"我懂你",知道"你在说什么"的情感交流,加深了自我肯定的情绪。

广告语"一锅一世界"是我对养生火锅的升华理解。古人曰:一花一世界,一叶一菩提。这代表了以小见大的思维逻辑。养生火锅重在养生二字,意味着食材新鲜,同时少不了菌菇、蔬菜等健康食材的搭配。没有了浓郁的辣味烟火气,多的是情调和对更好生活的追求。"一锅一世界"便是如此场景下的情绪表达。

"三生小筑"不管从品牌命名还是广告语,以及品牌故事,都是来源于我对创始人的洞察,对他做整件事初衷的探索。文案只不过是我在探索之后产生的情绪共情,我只是通过文字表达了出来。当人们有更高的精神追求的时候,一定会对"一锅一世界"有精神上的欢喜。

后来,这些文案都用在了 Logo 设计、商业空间设计的创作中。设计师通过对"三生小筑"精神及文案的理解进行了视觉上的表达。空间内实景搭建了乌篷船,让消费者能够享受到船中餐的独特感,同时,品宣文案也以带有装饰性的方式点缀在空间当中,形成品牌文化的多次传播。

步履不停虽然是一家服装店，但是他们家因为文案出圈。我相信很多文案人都见过这段文字："你写PPT时，阿拉斯加的鳕鱼正跃出水面；你看报表时，白马雪山的金丝猴刚好爬上树尖；你挤进地铁时，西藏的山鹰一直盘旋云端；你在会议中吵架时，尼泊尔的背包客一起端起酒杯在火堆旁。有一些穿高跟鞋走不到的路，有一些喷着香水闻不到的空气，有一些在写字楼里永远遇不见的人。"

不难看出，步履不停的文案充满着对生活中细节的体悟感受，还有对清新美好生活的向往。文案中使用了具象化的事物来表达场景，是富有画面感的。画面感让文案表达更真实、更形象，也更让人有共情的感受。我们可以不认识"鳕鱼"，可以不知道"白马雪山"，也可以不懂"西藏的山鹰"为何一直盘旋云端，但是我们能看懂、能感受，也会羡慕那些能够看到不一样风景的"背包客"。这里的感受就是共情。文案通过举例来共情，我们的不了解、不懂恰好就是文案想要表达的，有些人正在走寻常人不走的路上，欣赏着常人看不到的风景。

不过这点就是步履不停想要传达的思想，也非常契合品牌自带的气质，而他们面向的消费者往往是文艺的、清新的、知道自己想走的路和拥有与众不同不服输的态度。面对这样的消费群，文案的定位是非常诗意的，也更看重生活中的小巷、季节的变换、花与树的生与死、阳光与风的拥抱和别离……

面对不同兴趣爱好、不同年龄的消费者，我们在塑造共情时往往需要从不同的角度的去钻研。有人会问，那如果跨越的年龄层级很大怎么办？那就要通俗易懂。大家一定听过椰树的广告语："从小喝到大。"椰树在品牌定位和宣传及设计上一直都保有自己的风格。黑底大字一看就是椰树的产品。椰树椰汁在30多年中宣传的内容一直都直白，有时候甚至直白到"可怕"，但却好用，让人记住了都忘不掉。椰树和步履不停是完全不一样的风格。椰树是快消品，面向所有消费者；步履不停是女装，面向有品位

第五章
善用"喜怒忧思"写文案

的文艺范,是细分品类的快消。当我们去表达的时候,感情是真挚的,但是描述的内容却千差万别。

我们写文案做创意前要了解很多,产品的特点、性能、优势;产品的售卖对象,消费者画像是什么样的;品牌的战略定位如何,地区有何显著性?当我们了解越多,了解越丰富,能够吸收到的创意灵感也就越多,越能在文案上与消费者共情。

我们对品牌及产品做的所有了解都是为了文案足够"戳"人心。情感共鸣必不可少的就是发现共情之处。回到我们的方法论,不就是找到共鸣点,然后去描述共鸣点吗?

真实的生活中没有那么多奢侈品牌与产品,多的是我们日常生活中的必须。所以,我倾向真实的表达情感,素人的生活也许不够惊艳,但是因为真实而有力量。因此,当我看到星巴克将一段很朴素的文案放在他们的挂耳包上时,我立刻就买单了。

"在拉丁美洲,咖啡农场往往是由一个个家庭来经营的,他们就住在自家的咖啡种植园里。数十年来,我们和这些咖啡种植农一起,坐在他们一楼通往庭院的游廊里品尝当季的咖啡,眼前是成片的咖啡树,郁郁葱葱绵绵不断。这一款浅雅烘焙系列的咖啡,我们尝试了至少有80多次,才终于找到了理想的风味——芳醇,丰富而轻柔的口感。"

我好像能看到在那个村子里,为了一杯好喝的咖啡,咖啡农数十年日复一日地种植。而当我看到电影《一点就到家》时,加深了我对这段文案的感受。男人们坐在一棵大树的枝丫上,各自怀着梦想,一起同心协力培育种植中国的咖啡,深受感动和鼓舞。而中间有一个片段,大家举杯,喝了一口咖啡,闭上眼睛想象眼前,感受阳光、空气,在品味咖啡的过程中,甚至能清晰地感知咖啡豆生长的环境和当地的风貌。看似奇奇怪怪的表演,却有很强大的号召力。因为相信所以真诚,因为真诚所以有力量!对咖啡的热爱,对家的热爱,就是动力的来源。喝上一杯好咖啡是幸福的,喝上一杯自己种植的咖啡豆研磨出的咖啡更是欢喜的。这里的共情感来源于简单真诚直接。

面对真实欢喜的时候，我们很容易捕捉到客户对于产品的热爱。他们会无时无刻不在描述对产品的用心和对品质的打造。如此一来，从真实中提炼出品牌故事，远远比杜撰一个神话要简单得多，让人们信任得多，也更亲切得多。

伽力森小灶拉面品牌故事文案 1：匠人·匠心·小灶拉面

这个时代需要匠人，因为我们需要他们的执着与坚定，让世界上每一个平凡事物都能变成钻石般闪耀。于是有了伽力森小灶拉面，让我们能在这一刻享受到一碗研究了 262800 个小时、10950 个日夜，整整 30 年才找到的最为筋道口感的拉面。

当面饼、小菜、汤汁都悉数放入小灶中，我们能感受到蒸腾的热气将面香包裹，然后飘散至空中，经过风到达我们的感官。还未入口就感受到了浓郁的、真材实料的香气。我们的味蕾开始复苏，不断吞咽以唤醒身上每一丝爱面的细胞。当我们如愿以偿地品尝到：拉面筋道的口感、浓郁的汤汁、新鲜的食材，再一次证明匠人之心因为不断攀登、永无止境的寻找而显现出的对一碗好拉面的疯狂执念。

不断提升原料的品质，反复试验蒸煮工艺对面条口感的变化。不怕从头来过的傲慢之心，和对筋道拉面的忠诚，才让我们有幸认识到匠人对这碗拉面的野心。我们又何尝不是匠人，都执着地追寻一碗好味道。哪怕尝遍天下，也要找到最满足自己味蕾的香气。

当我们吃到第一口小灶拉面，才使得我们那匠人之心的浓烈激情，完成了第一次的殊途同归——匠心佐面好筋道，伽力森小

第五章
善用"喜怒忧思"写文案

灶拉面,更筋道的拉面。

伽力森小灶拉面品牌故事文案2:给爱的人开小灶

在经过一整天的奔波劳顿与现实交锋后,回到自己温暖的家,瘫倒在沙发上,时常会想起爸爸经常为我煮面的场景。当一碗飘香四溢的面条端上桌时,曾经认为再平常不过的关爱,现在越发觉得难能可贵。

有时候爸爸会给我加牛肉,有时候会给我放菌菇,当绿油油的菜叶子淋上酱汁搅拌着筋道爽滑的面条时,我总忍不住要夸赞爸爸的手艺。

爸爸总说那是在为我开小灶,当时不明白。直到现在才懂得:总想给我比百分之一百还要多一分的爱与关怀,这就是开小灶的意义。

来到厨房,煮一碗伽力森小灶拉面,我也想给爸爸开小灶。

伽力森小灶拉面品牌故事文案3:用想象力给拉面定义亿万种可能

正如奥斯本所说:"人类通过想象力征服世界。"

就如牛顿通过苹果想象到万有引力的存在;

就如爱因斯坦发现相对论;

就如祖先们因为一场大火意识到了食物煮熟后的魅力。

在这里,一个小灶,一盒面条,我们通过想象力就能创造无限可能。

一碗勇气之面,让龙虾拉面发挥了武士的荣光;

牛蛙拉面惊人的活力可以让心情烦闷的人聒噪一整天;

秒传文案

  酸溜溜的番茄拉面可以让原本暗淡的心小鹿乱撞；

  恰当之时给胆小鬼来一碗牛肉拉面壮胆吧……

  伽力森小灶拉面，用想象力给拉面定义亿万种可能。

  这是属于我们的拉面，以想象力护航，开启亿万种拉面的征程。

  我在撰写伽力森小灶拉面的品牌文案时考虑了三种方向，第一个方向是匠心，第二个方向是爱，第三个方向是想象力。三个方向代表了三种不同的风格，也代表了三种不同的产品定位和设计推广思路。之所以没有先定义策略，就是因为没有策略。如果客户对策略不明确，而我们又要推进策略时该怎么办？要么在做方案前先敲定，要么就是把策略方向以文案和设计的形式呈现出来再做探讨。虽然工作步骤增多，但是我们收获了对整个案子更多风格、内涵、气质等方向的探讨。这个步骤本来就要做，只是更为明确而已。因此，三种不同风格的文案代表了三种不同的产品发展方向，文案表达方向不同，相同的是情绪与感受。温暖、快乐、真情，是我想要在文案中传达的方向，背后是开小灶的意义：爱与关怀。

  长文案就是先定义中心策略，再定义情感感受，然后，通过一系列文字组合把想要表达的内容填充进去。只要传达的意思明确，内容有意可图，情绪表达到位，那就是一篇成功的长文案。

  长文案经常会运用在品牌文化、品牌故事，以及产品介绍中，是品牌宣传不可或缺的重要一环。我们需要一针见血能够卖货的广告语，同样需要情感真挚能够共情消费者的长文案。

  同样，我用真实故事来撰写品牌故事的还有真研美学。真研美学在品牌升级之前叫蒙娜丽莎，是一家经营了30年的美容院。蒙娜丽莎虽然经营了30年，却没有进行商标保护。随着社会发展，品牌化一定是未来的

第五章
善用"喜怒忧思"写文案

发展方向。美二代的出现和继承,让品牌之路开始顺畅起来。正因为如此,蒙娜丽莎品牌升级后更名为真研美学,从整体的品牌形象到业务范围都有了更新的发展。

真研美学·轻医美品牌故事——让女人美丽变身的魔法:做与众不同的自己

1989年,一位少女怀着一颗"为所有人带来美"的初衷成立了无锡第一家美容院——蒙娜丽莎。

当时未想过,30年后会有怎样的风景和版图,只知真诚之心不可改变。

30年中总有人遍地开花,四处结果;可繁花似锦有时,落叶纷纷常在。

而她选择用真心只倾注一处。

挑选最适合肌肤养护的产品,甄别出各类仪器的佼佼者。

不求千篇一律的美,但求独一无二的真。

她的坚持来自内心的丰盈与富足、真诚与许诺。

也来自她所追求的"让女人美丽变身的魔法":收获肌肤的最佳状态,享受自己独特而自信的美。

2019年蒙娜丽莎30岁,而立之年自有传承,品牌亦如此。

新品牌的孕育正是因她将"魔法"传给了女儿,两代人的坚守与执着,开辟了美业的新天地。

真研美学·轻医美 & 蒙娜丽莎·生活美容
美丽先设计,真颜大不同。

我们为真研美学塑造了一个字"真"的品牌气质。正如文案中提到，不求千篇一律的美，但求独一无二的真。"真"字贯穿了蒙娜丽莎30年的经营轨迹，也是品牌经营中一直恪守的经营使命和规范。这样的品牌在行业中是不多见的。所以，才有资格经历了30年，依旧满满好口碑。将真研美学真实的创业经历放到文案中，呈现品牌想要表达的情感，是一种十分直接的与消费者交流的方式。因为独一无二的真，才敢真心真情真本事地说真话！

（3）文化自信的欢喜

小国是家，大家是国。从曾经的中国制造到中国创造的改变让越来越多的中国品牌走向世界。我们从来不满足只做靠劳力换取资源的生意，想要真正影响世界，那就必须要靠文化吸引。

文化自信的情感首先来源于我们中国人自己对于中国文化的自信和宣扬。而这种文化自信的情感表达不仅能够用在我们的社交媒体，向国外友人介绍中国、介绍中国文化这么简单。随着越来越多的中国品牌走向世界，中国品牌也需要赋有文化自信情绪的广告文案将品牌的好宣扬出去。同时在传播时也代表了一种精神的表达。把品牌带去世界各地就是一种落地的文化自信以及文化入侵式的传播，同时走向世界的品牌还能够通过宣传反哺国内消费者，让国内消费者对品牌更有信心。

回归我们的写作三大招：

招数一：找到带有"喜"字，或与"喜"相关的文字。

招数二：文案语句顺且愉悦，语音语调上扬。

招数三：运用情绪共情法。

我预测在我们遇到的客户中，利用文化自信的欢喜来写文案的品牌将会越来越多。比如说一些餐饮品牌，正好以向好的方式走出中国走向世界。这种饮食文化的传播恰恰是向外输出文化最好的方式。

第五章
善用"喜怒忧思"写文案

中国的奶茶和火锅正在影响全世界，当我们走出中国一样有蜜雪冰城一样有海底捞，中国璀璨的饮食文化不仅让旅居的国人倍感亲切，同时也影响着外国友人们。还记得有个生活在中国的外国博主天天拍美食视频，讲到他在本国吃的最好吃的一道中国菜是"鱼香肉丝"，这让他对中国念念不忘，才有了中国行。最后他直接驻扎在中国，因为美食太多了！网友们直接评价道："他是一个吃了两年美食还没走出成都的老外。"

"有华人的地方就有严厨酸菜鱼。"若干年前，当我看到伙伴云洋给严厨做的战略愿景文案时，眼前一亮，心立刻被触动了。当时严厨酸菜鱼还没有走出国门，但是一直有想走出去的想法。我问云洋，那你为什么要这么去描述他们的愿景呢？如果他们后来又决定只深耕国内市场了呢？他回答："这本身是一个愿景，更何况我们不就是华人吗？"

我们就是华人，当我看到"有华人的地方就有严厨酸菜鱼。"这句文案直接就感受到了"华人"的力量。全球各地都有华人生活，这不就意味着品牌占领全世界？这句文案很多品牌都能用，只需要替换掉品牌名就行了，比如"有华人的地方就有杨与李。"等等。这句文案调用的情绪就是文化自信的欢喜。我并不鼓励"抄袭"，但是我们能够借鉴原力。这又涉及品牌营销策略的探讨。如果你感兴趣可以了解一下东鹏特饮广告语的由来，"累了困了喝东鹏特饮"，是不是很熟悉？

2003年，万科"天地根，人居本"公益广告系列文案就展现出了文化自信的欢喜。不光是内容，从文案标题，我们就有一种亲切的感觉。熟悉感是因为文案本身带入了我们的认知。"天地根"一秒能够联想到"落叶归根"，是中国人熟悉的"根"文化。"人居本"则是人文气息的探讨。两者都是对中国文案深入了解后的传达，并且将这种文化联系到居住文化，加深万科品牌所处的地产行业属性。

内文中"黄河在咆哮"与"感谢冰峰，感谢风暴，感谢悬崖，感谢缺氧"，让我们分别联想到两首耳熟能详的歌。"世界上没有一幢摩天大楼，比天坛更高。"这句文案更是通过大格局奠定了品牌的基调和对中国文化带来的自信。我想应该没什么比文化自信更让人心中汹涌澎湃的了。就像中国申奥成功、进入WTO等时光，多少人为之呐喊和激动；中国文化输出走向世界，中国的经典和传承每一样都值得被称颂。这种打从心底的高兴并不是物质能够达到的境界，而是人们更深层次的精神诉求。

　　情绪文案撰写的三招，从层次上是由简入难得三招。文案中有"喜"自然更容易带有喜的情绪，这是一个方面。声调愉悦在表达和听觉上能够更容易抓取人们的喜悦。但是最终我们要的是喜的感受，所以"共情法"更难驾驭，但也是情绪文案真正的心法所在。

　　伴随着我们的深入探讨，大家一定能越来越明白"情绪共情"的力量，最后对情绪写作法如会贯通。

　　情绪共情法的核心来源于共情的点，也就是认知。我们在前文提过很多关于认知的思路。当我们有过相同的生活模式就更容易有共鸣，为什么人在外，"老乡见老乡，两眼泪汪汪"，就是两个异乡客同时见到对方后联想起家乡，想到久违见面的亲朋好友。这种情绪不以人的意志为转移。当我们回溯到这点，时时刻刻提醒自己认知的重要性，那会对写情绪型文案有更深的感悟。

　　"文案自信的欢喜"这类型的文案，在运用情绪的共鸣，有一个小方法：选取大家熟悉的诗歌作为主元素重新组合进文案。唐诗宋词乃至现代诗都是我们国家的文化瑰宝。每一个从小念过诗歌的中国人都会对这些文案充满亲切感。诗是烙印在中国人心中的集体认知和记忆。当我们念叨着这些文案，自然能够联想到古诗带给我们浩如烟海的历史瑰丽和属于中国的文化自信。例如我在撰写三生小筑文案时就使用了诗歌的元素，"举杯之邀，对饮三人"不就是对李白"举杯邀明月，对饮成三人"的致敬。

第五章
善用"喜怒忧思"写文案

（4）幽默的欢喜

为什么当我们提到小品、相声……就会不由自主地嘴角上扬呢？在我们的认知中，小品和相声就代表了输出笑声的表演，也代表生活中绝不能缺少的快乐！

当我们运用"幽默的欢喜"这类角度来撰写文案时一样能收获到消费者们喜悦的笑脸。以及通过对幽默欢喜的表达唤起消费者对产品和品牌的共情。

现在拿出我们的情绪写作法三大招：

招数一：找到带有"喜"字，或与"喜"相关的文字。

招数二：文案语句顺且愉悦，语音语调上扬。

招数三：运用情绪共情法。

我们在使用这三招的同时，别忘了还有"对比、拟人、同音不同字、暗喻"等修辞手法。打造情绪是我们与消费者沟通的桥梁，但是使用修辞手法是写作的基础。我们欢迎任何能够更好展现情绪的写作方法。巧得是，当我们塑造幽默的欢喜时，"对比、拟人、同音不同字、暗喻"等修辞手法恰是非常好用的。

3M 浴室清洁除系列广告

（一）

脏无际

照抔

就算你手舞抹布施展乾坤大挪移，或是耗上整个假期打太极，收服脏无际，放眼江湖，纵观古今，唯有，再脏，再垢，一律——照抔。

3M

3M 的广告文案利用"同音不同字、谐音梗",将金庸武侠江湖融入到 3M 清洁大作战之中。

作为金庸迷,我们能从文字上快速找到 3M 清洁剂植入武侠的形式与内容,利用谐音梗让我们看到了金庸笔下的人物,张无忌(脏无际)、赵敏(照抿);更有乾坤大挪移、太极等厉害武功招式。当作为消费者的我们看到"收服脏无际、照抿"时,绝对会眼前一亮会心一笑。这是作为金庸迷的自觉,发现了文案人埋入的"小惊喜"。这类的幽默直接运用了情绪的共情法。

> 给女朋友买口红一定要买最好的
> 毕竟她是外用,你是内服
> ——来自网络

看这一类文案就像在看文字小品。光看那两个词,"外用、内服"就觉得写这个文案人"不讲武德",怎么这么幽默?把口红的好坏当做是亲吻的后遗症,我真得是佩服他的脑洞。这不就是另一种"Mark your man"?

文案本身虽然没有对品牌有明确的指向性,但当我们看到的时候,不自觉地会让消费者往高端的方向选择产品。这样的文案很适合商城,因为它所指代的"要买最好的",就是以一种幽默的方式让"男"朋友自愿掏腰包犒赏"女"朋友,是很有趣的方式。同时,有着调侃的意味,很符合当下年轻人说话的方式,很有自传播的潜质。

> 中奖是爱的回报,不中是爱的奉献。——福利彩票

"爱的回报"和"爱的奉献"是文案人通过文字表达对消费者买彩票这件事的正向反馈。不论结果如何,都是好结果。这里传达出的是一种"安

第五章
善用"喜怒忧思"写文案

慰式"的幽默,也是一种特殊的购买理由。"爱、回报、贡献"三者是对彩票规则的提炼;同时三个词也是充满"爱"的延伸。简单的词句组合起来一样能达到四两拨千斤的效果。

与文案类似的,是在学生时代听到过一句话:"闯红灯没事是运气,被撞是正常。"第一次听到觉得很有趣,记住了,因为它一语道破了"闯红灯有危险"的事实,并用一种诙谐的方式表达出来。这句文案能让我记这么多年,全凭着它的幽默。文案没有积极的情绪,可能还是冷静带消极的。唯一带有欢喜情绪的词是"运气",但在组合后也并不正向。真正让我共情的是冷幽默式的情绪。因为这句话,让我坚定了要等红灯这件事,也更加让我放弃闯红灯的想法。因为我不想破坏自己的运气。

上次跑太快,影子差点儿跟丢了。——NIKE

Nike 的幽默,我们看到了,短短的一句话好像能看到一位运动健将从我们面前飞奔而过,身后的影子则吃力得追随,像极了动画片里夸张的演绎手法。好文案能激发我们的想象力,噗嗤一笑的前因是我们感受到了快乐。这句文案是超级有画面感的文案,用比喻、拟人、夸张的手法描写了快速奔跑,那差点儿跟丢的影子着实太可爱了些。让人看完文案后忍不住与这样子的幽默共情了。

上一秒,你是父亲的儿子
这一秒,你是儿子的父亲
——西铁城手表

时间飞逝,快得从儿子变成了父亲,让自己不得不承认自己的成长;或许这里还代表了新生的喜悦,时间流逝亦有传承。这真是一语双关的好文案，能让人会心一笑。

　　共情的写作方法从来都不是一成不变的。它可以有想象力，也可以描述一个事实，更能够通过多样的修辞手法描述、传达、表达情绪。当我们不再只盯着一种方法时，专心读取情绪，则更能接近情绪，把握情绪，利用情绪！

2. 怒

（1）以"怒"为马

但凡提到"怒"，脑海里就有关于"怒"的想象。也许有人会问，我也文案推广产品，为什么会利用到"怒"的情绪呢？难道不应该是快乐得就把产品推销出去了吗？

可我们来看沃尔沃汽车的文案："你可以像恨它一样的开它。"

文案用一种怒气冲冲的情绪表达来展现汽车性能的优越感。用"恨"这个词，表达情绪。"你可以像恨它一样的开它。"像一个宣言，代表着不管你如何粗鲁、愤慨，沃尔沃汽车都能够提供优秀的驾驶感。同时，沃尔沃汽车其中的一个核心价值就是：安全。纵观沃尔沃的广告，也在很多次体现"安全"，连车身前脸的设计都是"车标"与"安全带"的组合。可见沃尔沃对于"安全"定位的贯彻演绎。而"恨它一样的开它"不就从反向证明了沃尔沃汽车的安全感吗？不管你想怎么造，都能安全使用它。

现在还有人疑惑为什么会有"怒"的情绪吗？

从我们的情绪写作法三招，进化到关于"怒"感情绪的写作法。大方向是确定的，变化得是在不同情绪中的不同表达方式。

比如在"喜"情绪的时候，情绪是上扬的，轻松的，但是到"怒"，就有了强烈的反差。这种反差是需要直接在文案中表达出来的。

"怒"感情绪写作法：

招数一：找到带有"怒"字，或与"怒"相关的文字，遣词造句。

招数二：文案制造冲突点，运用强烈的反差。

招数三：运用情绪共情法，体现怒感。

沃尔沃汽车的文案："你可以像恨它一样的开它。"首先存在有"怒"感的文字：恨。其次整体的语感是冲突的，有强烈的"怒"的感觉。最后整体文案能直接让人感受到怒，直接让文案与消费者达成了共情。

麦当劳的文案：喜欢就表白，不爱就拉黑。

麦当劳的文案一句话分为两段，形成的鲜明的对立。我们脑海中仿佛能看到一个女孩子正在歇斯底里得喊出这句话，来表达她内心的愤怒。这就是一种情绪的宣泄和表达，与我们日常小情侣之间发脾气太相似了。

这类的文案好像与麦当劳没那么大的关系，但是它的品牌广告语是：I'm lovin' it.（我就喜欢）。这种情绪上的价值感直接是自信心的宣扬。因为我喜欢，所以我选择，因此我就是那个独特的人。在这种情绪包围之下，"喜欢就表白，不爱就拉黑。"不就是"我就喜欢"的价值延伸吗？这种霸气宣扬的是情感之怒，能够减去很多无畏的纠葛。

以"怒"为马的核心是让怒感成为一种动力。就像那句"你可以像恨它一样的开它。"是一种行动上的推动，让消费者看到后不自觉想要去尝试一下。这是强冲突下的一种情绪的宣发。

唯路时在某年双十一时投放的一组广告，围绕他们的标语：Be Yourself.（做自己。）当全世界都在为年轻人安排该有的人生时，唯路时说时间会给大家最好的答案。不需要谁了解，也不必活成他人期待的样子……

第五章
善用"喜怒忧思"写文案

JONAS&VERUS 唯路时广告：

爸妈都希望我走一条更平坦的路，但谁又愿意，有一个被安排的人生呢？

你们总说，你不了解年轻人，其实你不知道，年轻人也并不需要你了解。

年轻人的动人之处，就在于他不必活成你所期待的样子。

也许你们说的都对，但我不是你们。

你有权，活成自己想要的样子。

"你有权，活成自己想要的样子。"这句文案是唯路时对品牌标语"：Be Yourself."的正面表达。做自己，成为自己想要的样子。唯路时文案在一声声的"怒吼"之下，是做自己的野心，成为心中自己想成为的那个"英雄"。

2024年贺岁片《热辣滚烫》，就是一部有"怒"感的故事。贾玲饰演的女主在家啃老十年，被男朋友和闺蜜背叛，被妹妹抢了房子，为暧昧对象无条件付出后被践踏感情，给亲戚帮忙却被"插刀"……一心轻生的女主跳楼无果后决定练拳击，就想重新开始想赢一次。我们知道贾玲为了电影减肥100多斤，这是电影剧情也是现实。就像她在电影中说的，"人只活一次。""没什么是不可能的。"

当她站在拳击台上好不容易被挥出重拳的那一刻，她就赢了。并非赢得比赛，而是赢了她自己。她的怒感，全部都融进了电影和角色之中。她可以不再做只付出爱别人胜过爱自己的那个女生，而是凡事"看心情"般得清醒。这就是电影版的以怒为马。

同样是2024年的贺岁片，张艺谋导演的电影《第二十条》一样是"怒"感十足的电影。这可以看作是一部普法电影。雷佳音饰演的男主韩检察官在听证会中有一句台词，"我们办的不是案子，是别人的人生。"这句台词的"怒"感直接将观众的情绪推到高潮。

"怒"是有情绪的，也是有力量感的。"我们办的不是案子，是别人的人生。"这句话文字看似普普通通，但是合一起得意义是沉甸甸的。

我们在撰写怒感文案的时候，不妨可以想想电影中的不公，或者是生活中的不满，把情绪值拉满后进行创作。这种方式就是我们情绪写作法中最为核心也最难掌握的方法，情绪共情法。想要写出有情绪的文字首先我们得有情绪。我们可以化身成为某一个正义使者，发挥出自己想要斩妖除魔除暴安良的正义之心，全然挥毫泼墨融于纸上，稳了。

Mini 有一句很经典的广告语："别说你爬过的山，只有早高峰。"在 mini 的广告史上这句文案有着重要的作用，很多文案书籍中都会讲到这个案例。而我们要看到的是 mini 想要传达的怒感。这种怒感代表了 mini 想要车主开着 mini 去跨越山海，也代表 mini 想要车主能够突破舒适区尝试新鲜。

汽车文案使用"怒"感来撰写的会比较多，且更贴合汽车品牌的行业属性。汽车的追逐、速度与激情，还有开车远行等一系列的生活方式，都是生活常态中的变数。除了汽车品牌，还有户外品牌、运动品牌等，都能够用制造"怒"感的文案来宣传。

"怒"感有时候是一种努力，是对生活的不放弃，是对颓废生活硬邦邦的回击！"怒"感也是一种反抗，有冲破现实达成理想的目标感。

JOHNNIE WALKER（尊尼获加）以"keep walking"作为主轴，十几年来一直围绕前行做品牌的延伸宣传，也让我们知道并记住了这款"励志"酒。我们看到的酒广告无非是讲酒有多好，多香，多有价值……不过尊尼获加让酒有了运动精神，有了怒感。

第五章
善用"喜怒忧思"写文案

JOHNNIE WALKER【只要不缺信念 keep walking】文案

（一）

眼睛看不见

就用心

盯着梦想

（二）

用执着和坚持

把握命运

（三）

助跑

起跳

跨过梦魇

跃向梦想

　　这一系列的广告是文案和视觉的组合拳。在残奥会时呈现，别有一番精彩。文案呈现上，三款海报分别将代表眼睛的"目"、代表手的"扌"、代表腿的"𧾷"去掉。我们脑海中能感受到，眼睛没有了目，变成了什么？执着没有了手臂变成了什么？跑跳没有双腿变成了什么？虽然残缺，但是文字的精神依旧能够传递给我们。尊尼获加让酒有了梦想和精神，代表着"keep walking"的精神，让人对残奥的运动员们肃然起敬。

　　有梦想，能够自我鼓励是一种天赋，如果没有，多看看励志的文案也是好的。"怒"感的文案有冲突，也有梦想，是拿着鞭子的鼓励！人生要做成一些事需要鼓励和自我肯定。有一个明确的目标后，要有不断前进的动力。如同修行的时候需要同修，能时常提醒自己要往前走。就像考研的时候，有些同学会准备励志书，学不下去的时候翻阅一下。感受长征的苦，感受海伦·凯勒求知的坚韧与确信……

当我们没有感觉的时候，多收集多看，学习前辈们的经验，让捕捉情绪融进自己的生活。

当品牌方把激励与消费者的生活、品牌产品的特性结合到一起，自然能够收获到非常多的好感。毕竟，谁会拒绝免费喝鸡汤呢？

以"怒"为马的"怒"感文案还可以运用到新兴产业的广告中。当一系列新产业的品牌追求的是创新的形象。那么不被束缚，不愧于自己的工作，永远想着如何保持简单但做事尽善尽美。这类的他们在外界看来一定是"另类"的，因为不考虑现实世界的游戏规则，只考虑把产品变作品，让产品创新改变世界。品牌为消费者创造的价值，消费者们都看到了。当不顾一切把产品做好摆在第一位的时候，自然品牌也能变成一个良性的循环，因为市场腾出了一个空间，给那些产品至上、创意至上的品牌一个舞台。

（2）鲲鹏之"怒"

《庄子·逍遥游》有云："北冥有鱼，其名为鲲。鲲之大，不知其几千里也；化而为鸟，其名为鹏。鹏之背，不知其几千里也；怒而飞，其翼若垂天之云。"

庄子描写的鲲化而为鹏，从不会飞的鱼变成翅膀像云一样大的鸟，并且"怒而飞"，发挥出了自己最大的能量去改变。读这段文字的时候，我们脑海中就有一个大鹏鸟的画面，怒而飞，仿佛能听到它的怒吼声和拍打羽毛的声音，伴随着海浪翻滚，振翅高飞。

怒是情绪的抒发，也是一种感受，来源心底的不甘和一种变化的决心，并非很轻易地表达我们的立场和观点，而是痛定思痛的改变。

第五章
善用"喜怒忧思"写文案

当"怒"感从以"怒"为马到鲲鹏之"怒",我们的"怒"感情绪也如"喜"一样,是多方面、多维度的。我们从不同维度去理解情绪,以便更好地应用到实战中。

如同立志代表一种志向的建立。立志的核心是让我们找到人生的方向。品牌的立志,是告诉消费者其追求的精神信仰。信仰是一种精神的外化表达,是一种更高级的认同感。而鲲鹏之"怒"就是立志,也是励志;当我们运用鲲鹏之"怒"去写文案,自然能收获到蓬勃生命力的文案。

"怒"感情绪写作法:
招数一:找到带有"怒"字,或与"怒"相关的文字,遣词造句。
招数二:文案制造冲突点,运用强烈的反差。
招数三:运用情绪共情法,体现怒感。

首先,我们来看招数一,找到带有"怒"字,或与"怒"相关的文字,遣词造句。

带有怒感的文字首先是有力量的,有冲突性的,比如"征服"。

> 征服自己,心就是最野的山。——The North Face(乐斯菲斯/北面)

"征服"一词,有着让对方顺从或是服从之意,可以是武力征服,也有以德服人的征服。"征服"从字义本身就非常有力量,是带有"怒"感的文字。

The North Face 音译名为乐斯菲斯,直译名为北面。一开始我以为北面一词是网友们的昵称,后来发现北面这个名称源于山上最冷、最难攀爬的北坡,意味着探索最难最险的户外精神。户外精神的本质是征服,但是北面的那句广告语提出了"征服自己"。征服自己是对征服自然的一种自我规劝。只有心做好了准备，才能在行动上无往不利。

"心就是最野的山。"这句文案中的"野"字生动而形象。没有被开辟过或是人迹罕至的地方，我们会叫"山野、野地"；最野的山对应的就是山野之地，那些最冷、最难攀爬的北坡。

北面的文案用"征服""野"来制造冲突，形成人对于征服的怒感，完全匹配了它的精神内核。这句文案不仅是品牌的宣传文案，还可能成为日常人们激励自己的文案。

与这句文案有异曲同工之妙的还有：

人生没有白走的路，每一步都算数。——newbalance（新百伦）

新百伦的文案里没有十分有冲突感的文字，但是整体结合起来，在意义上却有冲突的"怒"感。

这种"怒"感是在文字组合上的情绪宣发，运用的是情绪的共情法。当文案励志地告诉你"人生没有白走的路，每一步都算数。"的时候，或许我们不再纠缠是不是自己已经走了弯路，还是更在意关注当下的风景。

这种励志的"怒"感还有：一切皆有可能！——李宁

"一切皆有可能！"6个字是励志感的最简洁的表达，没有什么是不可能的，一切皆有可能。这样的"怒"感是鲲鹏之"怒"最简洁有力的表达。

试想下，如果我们没能活出自己，就没有办法发现自己生命最大的潜能。更谈何激发自己生命的潜能，让自己飞起来？"怒而飞"是一种能量，对我们来说仿佛是一剂强心剂，想象着自己是鲲化而为鹏。

2012年伦敦奥运会，Nike以"活出你的伟大"为主题进行宣传造势。文案像利用了对"伟大"的怒喊，通过无数条的"伟大"文案来定义"伟大"，更通过不同形式的广告去宣传"伟大"，甚至还推出了"伟大快讯"，

第五章
善用"喜怒忧思"写文案

用普通人的故事呈现"我就是伟大"。全方位地宣传和定义"伟大",最后,呈现出一场气势磅礴的营销盛况。

Nike 对伟大的定义:

一直以来,我们只相信伟大是属于少数人的,只限于那些巨星

但其实,我们都可以伟大

这并不是说要降低伟大的标准

而是要提升我们每个人的潜能

伟大,不限地点,不限身份

伟大,属于每一个正在追寻它的人

早在多年前,我们身边就频繁出现自我励志型的怒感文案。这种怒感不仅是呐喊"我可以",还在于呐喊之后的立志部分。脚踏实地地去做,去实现自己的目标。

曾经,我们童年有很多梦想,想做科学家、想去月球、想做警察……随着越学越多,最初天马行空的想象没有了。因为老师、家长一直在告诉我们,成绩代表一切,先搞定学习成绩再去想象。于是我们变得越来越没有想象力,甚至都不知道为什么要学习。

但是,我们的人生从来没有别人,所有的路都是自己选的,不需要抱怨,而是抓住每一次选择的机会,走自己的路。"伟大,属于每一个正在追寻它的人。"文案中对于自我的改变来源于从未放弃改变。"相信"地生活是一种智慧,用心生活,对一切即将到来的事自然都会充满信心。因为确定了无常,确信可以走出自己的路,还有什么不可以。当我们重新开始审视自己的时候,重新认识自己,对自己负责,给自己鼓励,为自己的努力鼓掌,重新出发,不断加油……怒而飞,成为自己想成为的人!

对于自己的态度，首先是认可的部分。如果我们有能力做树木，那就做一棵树扎根在泥土里，不去羡慕玫瑰的艳丽和芬芳。

"怒"感情绪，是一种冲突，也是一种对立的观点。"怒"感可以直接说明我们积极向上的观点，也可以是否定再否定。有人想当咸鱼，但有人却告诉你"一切皆有可能"。否定那个觉得自己不行的观点，就意味着："世界上最大的谎言是你不行"。

当我们去追求"怒"感时并非一定要骂醒对方，也可以是积极的，动态向上的情感。之所以两者都为"怒"，不就是代表了"怒"的本质吗？我发怒是因为我想改变，改变自己，哪怕是妄想也要一试。当我们写文案时，写的就是自己的情绪，只有把自己沉浸入情绪，才能展现出情绪型文案的力量。与其说文案是写给消费者的，不如说文案也是写给自己的。当文案能够打动自己，自然也能打动一大批与我们共情的消费者们。

人们的自信有一部分是伴随着日常中一件件事情的成功积累起来的。人们渴望胜利，渴望在每一次汗流浃背和黑夜的探索后获得胜利的喜悦。胜利从来不会突然从天而降，如同天上不会掉馅饼。当我们理解胜利的来之不易，自然能够感受到"怒而飞"的振奋与喜悦。

Timberland 因为谐音被大家戏称为"踢不烂"。而"踢不烂"恰好也是 Timberland 的产品宗旨，是一种敢闯敢拼的精神，一种浪迹天涯归来依旧豪迈的沧桑感。写过一则四小篇幅的长文案，主题是："真是踢不烂。"四个章节的主题分别是：向往、鉴定、勇气、爱。文案内容代表人生中的态度：真实的向往是踢不烂的、真实的坚定是踢不烂的、真实的勇气是踢不烂的、真实的爱是踢不烂的……核心归属：真是踢不烂！

"踢不烂"从名字开始就有冲突、有能量、有"怒"感，当它用"真是踢不烂"作为广告文案的主题时，同时加强了"踢不烂"的力量。

第五章
善用"喜怒忧思"写文案

　　文案通过"怒"感的表达，让"踢不烂"的帅气是从品牌骨子里流淌出来的，不拘一格、随心所欲，让人不自觉地想起那些愿意开疆辟土的人。它也许不属于精致，但是它有魅力、有故事。

　　回到文案情绪的核心，怒感与品牌文化的契合度息息相关。当人们穿着"踢不烂"在户外行走，风雪山川、黏湿雨林、神秘丛林……踢不烂绝对是人们心中的保险，不用忧虑脚下，只要关注眼前。这也是"怒"感能够带来的力量感，也是"怒"感能让品牌与消费者心连心，让消费者更能体会品牌在打造产品时的初心。

　　"怒"的情感并非单独以负面的情绪存在，在文案中更似是一种冲破禁锢的情绪。当然我们只是从单一的情绪出发与品牌相连，认为在某一宣传形式上使用"怒"感的情绪更能激发消费者的认同与购买，但这绝对不是唯一。品牌是多维度的，如同人一样。在不同阶段与不同场景下自然有不同的情绪表达。

　　如同人头马一直推崇"SLASH"式生活哲学——"一生/活出不止一生"，鼓励人们积极探寻生活，以不同赛道为起点进行全新挑战和突破。我们可以称之为：斜杠青年精神，也可以看作是不拘一格的鲲鹏精神。

3. 忧

伟人能够做到"先天下之忧而忧，后天下之乐而乐"，但作为一个普通人，忧心的不过是"过去、现在、未来"。思考的是对过去的无奈与懊悔；对现实的无所适从；对未来的未知恐惧……还有"儿行千里母担忧""爱而不得的忧愁""子欲养而亲不在之忧"……"忧"切中的是大家心中的恐惧、害怕，哪怕是关怀本身，也可能是忧心的一种。

以"忧"为情绪点写文案，品牌一方面想要表现出自己与消费群之间的价值认同，生而为人，各有各的忧愁与无奈；世界那么大，总有一些想法能产生共鸣；另一方面，品牌能输出对消费者的关怀感，意味着"我懂你"。

前面两章通过对喜和怒两种情绪型文案的拆解，与大家探讨了通过三招撰写出情绪型文案。来到"忧"的情绪之中，一样可用那三招，我们总结并发散一下：

招数一：找到带有"忧"字，或与"忧"相关的文字，遣词造句。

招数二：文案加入疑问、疑惑等相关的文字，语音语调呈现不确定之感。

招数三：运用情绪共情法，体现忧虑之感。

虽然是"忧"，但忧之中也有为何而忧的顾虑，我将"忧"划分成四种，分别是：爱之忧、生活之忧、精神之忧、惊恐之忧。

下面让我们分别用情绪型文案写作法进行"忧"型文案的创作解析吧！

第五章
善用"喜怒忧思"写文案

（1）爱之忧

爱是一种很奇怪的情感。两个人相爱的时候甜甜蜜蜜，是欢喜的；但是一旦考虑太多，就会忧心忡忡。如果爱得太深一旦分开，忧转恨也是常事。《神雕侠侣》中的李莫愁，被爱的忧恨折磨了一辈子，直到死都没有走出来，是何等的痛苦。为情所忧，为情所伤，生命匆匆过，总有一份爱在人们的内心深处触动着还没有全然放下的忧愁。

要知道爱有多甜，就有多苦多忧。世间得太极两面让情绪也变得多样化。当我们选择用爱之忧去撰写文案时，我们要思考的是这份忧虑如何以爱之名输出于众？同时如何做到表达忧虑但不刻意制造恐慌？

"忧"型情绪写作法：

招数一：找到带有"忧"字，或与"忧"相关的文字，遣词造句。

招数二：文案加入疑问、疑惑等相关的文字，语音语调呈现不确定之感。

招数三：运用情绪共情法，体现忧虑之感。

LEKKI 乐颜集品牌故事文案

25岁的女孩要开始保养。

数不尽的标签正在逼近我们：孝顺女儿、温柔妈妈、非凡领导、娇柔妻子、成功女性……

外界的掌声越发响亮，我们的疲惫愈见清晰，不保养，我们能消耗到何时？

生活是千变万化的宇宙，我们需要用阳光来喂养，用纯氧去呼吸，用自信去探索，用美丽来浇灌。

美的化身维纳斯从泡沫中升起，以轻盈的身姿投以生活璀璨的目光；

智慧女神雅典娜的高洁与独立是圣泽的火焰，指引人们披荆斩棘坚强前行。

"美丽、高洁、独立、坚强、璀璨、轻盈",我们需要与生命最佳的状态相连。让自己不惧年龄的增长,只有数字的增叠。

LEKKI乐颜集,让女人活出轻盈的自己。

LEKKI乐颜集是一家美容机构,从品牌命名到广告语,以及品牌故事等文化的落地都是由我们亲手策划的。在品牌调研之初,我们就了解到首先创始人是两位年轻的女性,她们集妈妈、妻子、女儿、创业者……多种身份于一身。其次,她们的创业动机是希望在他们所在的城市能有一家专业的美容院。最后,她们想要创业成就一番自己的事业。

女性在社会上受太多裹挟,不光身份多重还承担着更多的家庭责任。一心想要获得家庭之外的社会认可,创业无疑是其中一种方式。

当我们在洞察了解了创始人的身份背景及创业初心后,我们还进行了一些市场调研。面对众多类似身份的女性及她们的心理诉求,我们看到了年轻态群体在多种身份中切换的疲惫与压力。于是,我们最终为品牌提炼出了"轻盈"的品牌气质。

品牌气质是源于我们洞察到创始人对于"轻盈"状态的渴望,同时看到了现代人对"轻盈"状态的向往。因此,塑造了LEKKI,通过"美丽、高洁、独立、坚强、璀璨、轻盈",演绎人与生命最佳的状态相连。女性的角色首先是她自己,每个她都是Shero(嫄雄)。我们的创造初衷,正是对女性角色标签狭隘定义的觉醒和反击。看似我们在塑造"轻盈",广告语又是"活出轻盈的自己!"但这一切都来自一种忧虑。

我在撰写品牌故事时,前三句就在表达女性之"忧"。

"25岁的女孩要开始保养。

数不尽的标签正在逼近我们:孝顺女儿、温柔妈妈、非凡领

第五章
善用"喜怒忧思"写文案

导、娇柔妻子、成功女性……

外界的掌声越发响亮,我们的疲惫愈见清晰,不保养,我们能消耗到何时?"

对自己美的忧虑,对身份转变的忧虑,以及对未来的忧虑是我们女生在成长过程中必然会经历的过程。当这种忧虑被诉说时,自然会有情绪上的共鸣!这种忧虑是对"爱自己"的一种反问,究竟自己能不能脱离桎梏,获得轻盈的人生?

我在品牌文案中给出了答案,

"美丽、高洁、独立、坚强、璀璨、轻盈",我们需要与生命最佳的状态相连。让自己不惧年龄的增长,只有数字的增叠。

LEKKI 乐颜集,让女人活出轻盈的自己。"

忧虑是我们与消费者现状的一种共情,但是给出正能量的反馈才是我们需要做到的。如同,品牌提出问题,但也需要给出答案。这才是品牌能让消费者买单的秘诀。因为他们解决了消费者忧虑的痛点,他们需要活出轻盈的自己!

爱自己,才能更好地爱别人。做自己,做热爱的事,哪怕很难,我也想鼓励大家,别担心,勇往直前就行了!

酒品牌比较适合使用"忧"的情绪,长久的文化中流淌的是关于一醉解千愁的情感表达。李白曰:"花间一壶酒,独酌无相亲。"王维曰:"劝君更尽一杯酒,西出阳关无故人。"

对酒品牌来说,塑造忧愁的文案与产品更配,仿佛想要获得那种"举杯消愁愁更愁"之后,还能再多来几杯的悸动。

秒传文案

> 爱情纵使崎岖,还是值得干一杯。——喜力啤酒

"崎岖"形容山路坎坷,也比喻处境十分困难。文案中假设爱情是崎岖的,并非一帆风顺。所以要干杯,因为值得。虽然文字中有对待爱情之忧,但是却给予了"值得"的肯定。对于文案本身来说,首先它有关于"忧虑"的词语——崎岖;其次给到了清晰价值的输出——值得干一杯。两者紧靠在一起,形成了让消费者在某时某刻因为爱情不顺时,来一杯喜力啤酒的情绪诉求。

喜欢写忧伤文案的还有江小白。江小白通过在瓶身上书写文案,让年轻人的小酒出现在大众的视野。随后的那些年,江小白继续不遗余力地打造每个普通年轻人与江小白之间的关系。很多人仿佛在江小白身上看到了自己的影子,或喜或悲都是自己身边的故事。

> "习惯了不期而遇,就不敢主动邀约。"

我们看这句文案本身与江小白毫无关联,但是就是这样一句句戳人心窝的情绪表达,让江小白成为年轻人桌上的小酒。说到底,大家喝的并不是酒本身,而是一种"感觉",一种"情志",一种"你懂我的畅快"。这种感情中的"不敢"让人望而却步,"忧"之下就是喝一杯,忘记吧,或者才能鼓起勇气放手一搏热烈追求。

我觉得江小白的成功有一部分要归功于"文案瓶"的成功。回头看,这些年白酒一直有新品牌进入,但是能像江小白掀起风浪的可谓是没有。文案瓶让江小白代入到一种与消费者"沟通"的场景中。素人的故事也可以被记录、被传播、被鼓舞,这本身就是一种很正能量的事情。更何况素人是这个世界上千千万万的你我他,是最大的消费群!

文案瓶能够给到消费者充足的消费引导。这也是文案本身带来的力量。

第五章
善用"喜怒忧思"写文案

"说不出的事叫心事,留不住的人叫故事。"江小白有很多这种类型的文案,文字中情绪的拉扯,让文艺青年们欲罢不能。这也是情绪型文案一直想传输给大家的一种写作方式,用真心换真情,让情绪在产品与消费者之间流动起来。

当七夕节全世界都在关注"浪漫""喜悦""爱情"的时候,飞亚达时装表品牌JONAS&VERUS唯路时在七夕期间投放的一组地铁广告:

如果连幸福的模样都要和别人一样,那人生该多无趣
不是将就不了这个世界,我是将就不了我自己
……

唯路时以"Be Yourself"为主题,用文字给错失爱情、孤独或是自愿等待爱情的人们一点点关怀。"不将就,也绝不雷同"是品牌与消费者的对话。这些话都是消费者心里的,所以说出来才觉得"品牌好懂我"!

文案人应该是一个"背调"高手,深入群体,为群体发声。这看似是记者、新闻人的使命,但恰恰也是一个文案人"吃饭的家伙"。就像要成为一位好作家,除了写作功底之外,还要会观察生活,有强烈的好奇心和表达欲。文案人也是同样的,只是写作的格式不同,作用不同而已。

就像唯路时在情人节出街了为单身人士投放的广告,算得上一种"冲突式"的营销。首先,品牌方选择了一个情人节的对立面,那些单身贵族,或是渴望恋爱却还未牵手的人们。

"不将就、无趣"……单从文字上就表达出忧虑无奈的意味。"不想将就"是"做自己"的主轴,"爱"的背后不是"不要",而是"等待"。"忧"的背后不是"可惜",而是"关怀"。

当我们习惯使用情绪型文案3步小妙招后,我们很容易能够在写文案

时给出相应的文字表达。因为我们首先有了情绪，一旦情绪"上头"，文字的喷涌而出只是时间问题。

回到爱之忧本身，我还有两个广告案例想跟大家分享。

第一个是梁朝伟代言丸美眼霜时为其拍摄的广告。广告内容通过伟仔的独白，讲述了一个他心目中女孩子的样貌：倔强、干净、不信邪、不服输。这些恐怕是丸美心中最佳消费者的画像。"都说女人难，很容易被贴标签，会把自己弄丢。"伟仔一边诉说对她的顾虑和担忧，一边又鼓励她："没事的，不要害怕，对你来说，标签没有什么意义。"这里是品牌想要传递给消费者的鼓励，就是自信和完美，也是品牌想要表达的"你一直在追求完美，其实完美很简单。"他对她的了解、对她的关心、对她的当下状态的忧虑……最后，回归到她依旧是她，那个看到眼睛就想到"丸美"的女生。

这段文案与我在给 lekki 乐颜集美容写品牌文案时的感觉很相似。都是站在一个朋友的角度诉说，通过我对女性的了解达成共鸣。不同的是，乐颜集落脚在"做轻盈的自己"品牌广告语和品牌主旨上。丸美更多的是落在"完美"，也就是丸美的谐音上，顺带将产品——眼霜带出。

丸美的这则广告是非常动人的，虽然是独白形式，但是能够感受到品牌方对消费者的一些情绪上的共鸣的表达。最为关键的是，这是一个视频广告，相比纯文字而言更有视觉冲击力。并且，这则广告的主角是梁朝伟！这也是品牌最大的卖点，也是品牌方选择代言人非常成功的地方。

一则，梁朝伟是影帝，知名度极高，他的演技出神入化，最被人津津乐道的是他在演戏时对眼神的掌控。这完全匹配了丸美眼霜的产品特性。

二则，文案的情绪型价值输出让消费者觉得自己有可能就是伟仔口中的那个女生，一下子达成了共情。

三则，由梁朝伟演绎出来，更显得品牌对女性们的重视。男士也能看到女性的心路历程，了解其中的不易，这比女人了解女人更有情绪上的冲击感。

第五章
善用"喜怒忧思"写文案

　　这则广告之所以完整且动人，当时还被大量转发，核心就是它做到了情绪上的共情。当我们回溯文案本身，仿佛能听到梁朝伟在我们面前诉说这段担忧与鼓励。要强的女生有很多，在事业上拼命，从来不服输，并不觉得女生在性别上与男性有什么不同，反而希望做得更好。高学历的女生越来越多，可是成功之后就很容易被人贴上标签。这种常态被品牌放大，并利用文案将故事呈现出来，由影帝来演绎。有多少人面对这样的广告会不自觉地带入，想象着那个倔强的女生就是自己。当品牌的宣传效果达到了，自然能够收获到销量上的回报。

　　第二个想分享的是招商银行信用卡的广告——《世界再大，大不过一盘番茄炒蛋》。

　　2017 年 11 月，以番茄炒蛋为名的广告以视频的形式刷爆了朋友圈及各大网络平台。伴随着它的核心广告语：想留你在身边，更想你拥有全世界。

　　光从文案本身分析，就能感受到这是父母对子女之爱。即不舍又不得不放手的忧思和无奈。

　　这则广告是一则故事型的广告。故事从一位中国留学生伊恩在厨房做番茄炒蛋开始。这是他刚到美国的第八天，这天他与朋友们聚会，每个人都要带本国的美食，于是他想做一盘番茄炒蛋给朋友们品尝。可是他连先放鸡蛋还是先放番茄都不清楚。于是开始给妈妈发短信求救。

　　随着剧情深入，从知晓他不会做番茄炒蛋，到他焦急地给妈妈发信息，爸爸、妈妈亲自示范，一步步发视频教会他。每一刻都充满着家人的关怀。他做好了，高兴地与外国友人们分享……可是故事并没有到此结束。

　　伊恩开始向新朋友们介绍自己，当友人问："中国跟这里的时差是多少？"他思索后回答："12 个小时吧。"等他开始回味 12 个小时的时差，才意识到他发消息给妈妈求救的时候是凌晨。而他做好了菜却没有给妈妈一个反馈。他拿起手机，短信中妈妈焦急地询问他是否收到信息？是否学会了？

与此同时，镜头开始描述他的爸爸妈妈。凌晨4点，妈妈被伊恩的短信吵醒后，就开始发语音指导。可是伊恩因为听不懂而发脾气。妈妈为了教会他，起床后到厨房示范制作了一碗番茄炒蛋，由爸爸在一旁拍摄并发送视频给他。

"想留你在身边，更想你拥有全世界"，这是父母亲对孩子的祈愿。"儿行千里母担忧"，没有什么能比得上父母对远在异国他乡的孩子怀有的挂念。

最后定格在"你的世界，大于全世界"辅助"招商银行留学信用卡亲情上市"的内容，才让我们意外发现这是一则招商银行为了推广留学生信用卡而制作的广告。

从宣传的产品来看，这是招行特意为留学生开发的一款信用卡产品，父母办卡作为主卡，子女为副卡。因此，这则广告的受众首先是家里有留学生孩子的父母。"想留你在身边，更想你拥有全世界""你的世界，大于全世界"，都是招行想对孩子父母亲说的话。

意外的是，通过网络传播，这则广告成了年轻人互相转载的内容。当我们被亲情打动，当我们被父母亲的无私感动到流泪的时候，观者们会毫不犹豫地分享出去。广告片故事满足了大家对"父母、亲情"赞美的心理诉求。即使这是一则广告，也无法阻止观者们想要表达内心"被感动了"的想法。这是近年来非常优秀的自传播广告。

这则视频广告之所以有这么大的威力，在于"人心"被打动了。广告文案能够被提及的就是那两句："想留你在身边，更想你拥有全世界"以及"你的世界，大于全世界"。这两句文案的对象都是父母。这是品牌想要传达的诉求，就是达成目标消费者对于子女在外的一种忧虑和关切。

可广告视频并不只有文案，还有故事。故事的延伸让文案更加具象化了。一盘简单的番茄炒蛋可以说是一道国民菜肴，这道菜拉近了所有人对故事的情感期待。这就是简简单单的家庭、父母、子女之间的日常。凡事

第五章
善用"喜怒忧思"写文案

都为子女好的父母和不太懂事有问题就找妈的孩子,这里的情绪恐怕是大部分普通家庭的状态。

当品牌在诉说"我担心你"的时候,恰恰也是他们在告诉你,我们懂你,选择我们是正确的。以前总说消费者是上帝,而现在我们要说消费者是宝贝。守护在心底,用情感连接,并且时常关切。

当短文案变身长文案再到视频文案,里面最不可或缺的是品牌广告的精神内核。丸美的内核是完美,是一种长文案的单线叙事,是一种长文案的个人情绪化演绎。招商银行的番茄炒蛋是内核的扩张,是关于小世界和大世界之间的亲情共振。两者在演绎上有着非常大的不同之处。

当文案人不可能只写短文案,为了营销工作,不得不在不同情境下给出不同的营销内容的表达。需要写参数的时候,也要有科研的细心;需要写视频脚本时,也有必要"编剧上身"的视觉感。

抓住主内核,有思路的扩展,有专业心去研究,有信心的去表达,多写多写多写!这就是不败心法!

(2)生活之忧

生活之忧,最先苦在"生活"上。如果是抱着"生下来,活下去"的感慨,那真的是太苦了。

生活中最多的就是不确定性。生活之忧,多半是对自己的不确定与害怕。害怕没有工作,害怕遇到困难,害怕与家人、朋友吵架,害怕出门遇到意外……"忧"的第一感觉是痛苦。人们只要有忧,就没有办法真正安定下来生活。

如何使用生活之忧来写文案?还得看那三招情绪型文案写作法:

"忧"型情绪写作法:

招数一：找到带有"忧"字，或与"忧"相关的文字，遣词造句。

招数二：文案加入疑问、疑惑等相关的文字，语音语调呈现不确定之感。

招数三：运用情绪共情法，体现忧虑之感。

什么样的品牌在撰写文案时能用到"生活之忧"呢？恐怕第一个联想到的就是与切身生活相关的产品或者是项目吧。

比如保险行业，买保险的本质是保障，保障那些不确定性，那些生活中可能出现的忧患。

比如地产公司，在卖房的时候卖得不仅仅是学区房，还可能是千金一得的风水宝地，卖出了一种千金难得的焦虑感。

比如化妆品，防晒霜告诉你不涂防晒的后果很严重，会老会丑；眼霜告诉你不涂眼霜会有鱼尾纹，会老十岁……

生活中的忧虑和焦虑就是在自己身上及身边的琐事中一点一点地积累起来的。想得越多，忧虑越多。文案人把人们的小焦虑写出来并放大，当做商业场上的营销手段，说出来了，你认真了，你就买单了。

> 买保险就是买平安。——平安保险

平安保险的品牌名特别棒，一语贯通了保险的意义，保平安。买保险不是为了收益，而是为了抵御未知的风险。人只活一次，没有任何祝福比得上"平平安安"！"买平安"三个字一语双关，不光是代表"平平安安"的愿望，也代表保险公司平安这个品牌。

这里的八个字把平安保险的价值感和理念都喊出来了，是一句非常简洁有力的广告语。保险二字就是字面意思，保障危险。这句广告语运用了肯定的句式，一语双关的写作手法，呈现得是与消费者在保险这个领域达

第五章
善用"喜怒忧思"写文案

成共情的结果。这句文案不仅提出疑问，也给出答案。

生活之忧也可以没那么大惊小怪，也可以"仅字面意思"的心照不宣。

不过，许多忧虑还是要说得猛烈些才能让人感受到情绪的变化。

金立手机：30岁不可怕，日复一日的30岁才可怕。

"不可怕"三个字就把可怕的劲儿带动起来了。金立手机的这段文案本身与手机没什么太大的关系，但是这段文案来自金立手机 M7 进阶之选"战胜30岁焦虑"系列广告。至于为什么要传达30岁的焦虑？因为金立手机希望塑造"安全感"的情绪价值。

产品的使用价值是基础，手机品牌那么多，都能打电话发短信上网，那区别在哪？仅仅是"使用价值"那么能找到的替代品太多了。于是，品牌方开始创新，外观的创新，比如三星做折叠屏；电池优势创新，比如"充电五分钟，通话2小时"的 OPPO……这类外观和产品特性的创新我们称之为"物理创新"。还有一种像苹果手机这种代表一种价值观和缔造趋势的品牌，我们称之为"精神引领"。

产品优势在哪里，品牌广告试图攻心消费者的点就在哪里。金立曾经试图通过安全感来吸引30岁以上的成年人，可事实来看并不算成功，随着创新力不足等原因，金立的辉煌成为过去。

可见30岁要不要焦虑不重要，但这种焦虑一定是跟手机无关的。战略上正确与否不是我们探讨的核心，毕竟没有生根企业和品牌，一时之间很难有非常全面且深入的探讨。回到情绪型文案本身。金立手机曾经都试图希望通过制造"焦虑"来推广其手机的安全感特性，这点是毋庸置疑的。

就像 OPPO 的广告语"充电五分钟，通话2小时"为得是解决手机没有电后的窘境，其实是以另外一个侧面让消费者感受到手机没电很不方便的忧虑。OPPO 非常成功地掌握了消费者的痛点，并通过技术创新让

OPPO 成为一个有特性、有壁垒，又有传播性的品牌，一度快速抢占了其他手机市场的份额。

红星·美凯龙 30 周年宣传片文案：更好的日常

我猜你知道设计是什么

可生活是什么你并不一定知道

生活是随便下点雨就一定会拥挤的高架路吗

还是应付完工作关上电脑发呆的那一瞬间

是记忆里一个好多年都忘不掉的名字

还是深夜街头半碗扬着热气的面

我们都曾以为理想的生活应该在别处

但你总有一天会明白

生活是否美好

只取决于拥有怎样的日常

而日常

就是所有家居设计的起点

事实上家居设计师不过是一群奇怪的、挑剔的、敏感又多情的、面对生活的人

为什么客厅一定要有吊灯

为什么沙发要占那么大地方

为什么马桶不能五颜六色

为什么总觉得东西没处放

为什么书架非得是木头的

为什么床始终睡得不够爽

人们都以为是他们在设计自己的生活

其实我们都注定活在别人的设计里

第五章
善用"喜怒忧思"写文案

让日常生活变好的

并不是那些可能一生只有一次的惊喜

而是弧度刚好不会撞到的桌角

随意关上抽屉时的优雅手感

会自动调节光线的灯

和温暖又容易打扫的地毯

有时告别平庸的设计

就会开启未来生活的全新可能

再见,不耐看的椅子

再见,会响的床

再见,堆满东西的茶几

再见,无聊的白墙

再见,坐久了会累的沙发

再见,一碰就倒的床头灯

再见,永远擦不干净的水龙头

再见,不够好的日常

好的设计也许改变不了所有

却足以重塑日常

而更好的日常

也许就是生活该有的样子

"红星·美凯龙30周年宣传片文案:更好的日常"之中,通过文案记录了生活中会出现的让人"烦躁"的点滴,那些"会响的床""一碰就倒的床头灯""坐久了会累的沙发"……不就是日常生活的样子吗?如果再加上平日里繁忙疲惫的工作,心情糟糕透顶的情绪下回到家里看到"堆满东西的茶几""不耐看的椅子"……心情恐怕会更"崩溃"吧!文案通过设计师对家居生活的设计和改变，让平凡人也会有更舒适更好的日常，"弧度刚好不会撞到的桌角""温暖又容易打扫的地毯"……生活中那些不舒服的日常在文案中被文案人放大了，但正是这些让我们从中发现生活中的忧心之处，联想到这些不太舒服的日子，才对更美好的日常有了更多的期盼。

所谓生活之忧，就是我们那些琐事的日常。比如好不容易找到一支笔发现没有墨水；想喝一杯奶茶却不小心掉在地上……看似有点"衰"的日常，时常调侃"水逆"的日常，都是生活之忧的形象化表达。

情绪型文案中的第三招关于情绪的共鸣，如何共鸣？通过一件大家都经历过的事形成共鸣，这是一个非常好的方法。在这里我又不得不提到电影的力量。为什么卖座的电影都能很容易让人产生情绪价值，会跟着哭跟着笑？电影编剧使用的共情法正是我们文案人需要的。

品牌文案，特别是产品文案，要学习"直给"的文化。就是直抒胸臆的表达，不要隐喻。太文艺太优美，就意味着传播成本高，理解的人少。我们平常说一句话，自己觉得表达得够直接了，但一样有人听不懂。"直给"的艺术也是让情绪型文案能够让品牌与消费者快速达成沟通的方法。

红星美凯龙 30 周年宣传片的文案看似在讲设计的重要性，里面有特别大的篇幅在讲生活的琐事。那些接地气的点无一不是"直给"。生活的高低从来不是靠着文艺和听不懂取胜的。文艺不该成为文案人高高在上的优越感。

（3）精神之忧

2020 网民票选人生十大遗憾之事：

排名第一：未能珍惜年少考入好大学以致此生碌碌无为（858.34 万票）；

排名第二：悔恨结婚早又选错人/错过初恋（801.34 万票）；

排名第三：子欲养而亲不在（460.23 万票）。

第五章
善用"喜怒忧思"写文案

（数据整合：知乎、微博、虎扑）

人生十大遗憾之中的前三位没有一个谈钱，更多的是谈理想、爱情、亲情……人生的悔恨更多来自"自我实现"的部分。

我不清楚世界上的人是否都会对自己的学历耿耿于怀，但是一定有很多"后悔"的瞬间。

那么如何塑造精神之忧来写文案？回到我们的三招情绪型文案写作法，"忧"型情绪写作法：

招数一：找到带有"忧"字，或与"忧"相关的文字，遣词造句。

招数二：文案加入疑问、疑惑等相关的文字，语音语调呈现不确定之感。

招数三：运用情绪共情法，体现忧虑之感。

从我们开头的调研中可见，精神之忧大都来自对自己当下的不满，以及对过去自己的悔恨。这些"懊悔"都是对"自我精神"的一种控诉。

CITY CHAIN 时间廊系列广告：历史在下一秒 lONE SECOND ONE HISTORY

　　一直以来，人们就痛恨时间

　　　　我们这个时代里最杰出的人，都在思考如何让时间停下来。

不可否认，古往今来，人们就前赴后继去寻找生命永恒的密码。

可屡战屡败、屡败屡战到这一秒也没找到确切答案。你唯一能够确定的是：时间，绝不会因为某个人的想法就待在原地一直等你。

　　打赌，选择对手很重要

　　你已经知道了，与时间赛跑可不是件容易事。何况打赌？

即使，没心没肺的时间不关注也不在乎谁胜谁负。

可你不同，你又不是没长脑袋的时间。

更何况用一生来做赌注。

嘿，你真输不起，我敢打赌。

文案中的"前赴后继、屡战屡败、屡败屡战、跌倒、打赌、输不起"……都是运用文字的力量体现"忧"的情绪。

文案里的精神之忧不过是想要时间凝固，想要永垂不朽，想要在每一次与时间较量下都能技高一筹。作者与读者之间的情绪共振再次让大家感受到了"忧"的力量。特别是最后一句："嘿，你真输不起，我敢打赌。"何尝不是一种言语上的挑衅呢？

一直以来，人们都在与时间赛跑。这段文案通过时间与产品手表相联系，钩住了人们普遍对时间流逝过快的恐惧和担忧。

不过，随着人们精神能量的上升，我们渐渐明白，争先恐后在大事面前也无用。与其留着时间后悔，不如抓住每一个当下。

我们摆脱不了后悔的境地，所以很多时候的汲汲营营并非我们真正想做的事，也并没有为我们的梦想加分。心没有安住当下，一直都想着远方，而忘记我们当下要做的事情。所以，我们在心里较真，完成一轮又一轮的PK之后，发现还有很多的后悔还没来得及完成。

豆瓣广告：我们的精神角落

（一）

除了一个小秘密

我只是一个极其平凡的人

我张开双臂拥抱世界

世界也拥抱我

我经历的

或未经历的

都是我想表达的

第五章
善用"喜怒忧思"写文案

我自由，渴望交流

懂得与人相处

但不强求共鸣

我勇敢，热爱和平

总奋不顾身地怀疑

怀疑……我在哪里，该去哪里

童年，或许还有过一些……

可和你一样

小时候的事，只有大人才记得

我健康，偶尔脆弱

但从不缺少照顾

也尝过

爱情的滋味，真正的爱情

如果不联络

朋友们并不知道我在哪里

但他们明白

除了这个小秘密

我只是

一个极其平凡的人

我有时

会张开双臂拥抱世界

有时

我只想一个人

我们的精神角落

豆瓣

(二)

最懂你的人，不一定认识你

现实中的你，渴望交流

却从不在现实中，强求共鸣

你在表达过度的社交关系中声嘶力竭

相信和理解，依旧少有回响

直至在此安坐，在隔屏相望的纷杂评述中

共鸣苦觅多时的志趣与见地

十余年来，我们珍视这样的共鸣

恰如珍藏一本少有人知的好书

一份从未相见的默契

我们的精神角落

豆瓣

(三)

你追求的，正是你不想再失去的

痴恋过的人都懂

爱上一个人的美好，是说不清的

无论有多刻骨铭心，若旁人问起

虽感似曾相识，却总词不达意

在此，我们称之为喜欢上一种感觉

一种初次相遇就害怕失去的感觉

十余年来，我们珍视这样的感觉

恰如珍藏一份不谈物质的爱情

一种不甘错失的追求

我们的精神角落

第五章
善用"喜怒忧思"写文案

豆瓣

（四）

有人驱逐我，就会有人欢迎我

无论你被人接纳与否

竞争仍会继续，世界依旧运转

但特别的人，自有特别的际遇

终在此处，找到同类人的主场

这里无需他人的裁判

只需自己确信的规则

十余年来，我们珍视这样的确信

恰如珍藏一个候你多时的小组

一件唯你热衷的小事

我们的精神角落

豆瓣

（五）

曾循环最久的歌单，是妈妈的心跳

我们都是回忆的孩子

在她怀里长大成人

直到我们日渐成熟

做惯了他人的听众或歌颂者

才至此留恋岁月如歌

无非只为找回最初的心动

十余年来，我们珍视这样的心动

恰如珍藏一段红心挚爱的调频

一份回味不已的歌单

我们的精神角落

豆瓣

（六）

对这个现实世界，再现实的人，也有自己的狂想

你我都是现实的产物

在现实世界中信奉理性和逻辑

偶有感性的表达

也仅限小圈子里的情感流通

幸有此处的超现实或不现实

让自己可见另一个自我

十余年来，我们珍视这样的自我

恰如珍藏一个判若两人的评论

一篇深藏不露的日记

我们的精神角落

豆瓣

　　豆瓣采用"我们的精神角落"作为主题演绎了主视频广告进行宣传，让大家开始重新了解豆瓣。随后通过系列广告不断演绎传达"我们的精神角落"品牌文化内涵。我们的兴趣爱好、精神向往……有着各自的独特性，当我们无法从身边获得认同的时候，豆瓣满足了我们的精神需求，不同的人通过相同的爱好聚集到一起，成立一个"社区"，获得一处"懂得"的角落。

　　精神之忧，是一种抛开了吃饱穿暖的上层建筑所引发的不确定性。这种不确定带着疑惑、害怕，又有一点点的光芒在闪烁。

第五章
善用"喜怒忧思"写文案

陌陌《对不对味，一目了然》系列文案

（一）

世间所有的内向，都是聊错了对象。

（二）

每晚反复说

去洗澡了

可我

没有洁癖

（三）

话痨找不到同类，只好假装社交恐惧

（四）

嘻嘻哈哈

恍恍惚惚

相聊甚欢

全靠演技

（五）

想不到不俗的开场白，只能盯着你的头像发呆

陌生并不存在，因为我们都有同样的孤独

陌陌《就这样活着吧》系列文案

- 不要去冒险，胆小就不会有危险
- 不要探索新世界，只要待在自己的世界

- 不要停下来，继续忙着说"改日再说"
- 不要结交新朋友，最好高冷到没朋友

陌陌作为聊天交友软件，寄希望于创造一个彼此陌生又能互相共融的圈子，这仿佛是大多数软件都希望呈现出的用户体验。陌陌的文案有关心在，通过"孤独""陌生""内向""聊错对象"等词语的碰撞，呈现出一种懂你所忧的情绪。

用快乐美容，绝无副作用。——《悦己》杂志

美容和化妆品的使用不当，极易出现副作用。但是"快乐"很安全，只会带来正向，很难有化学残留，《悦己》杂志用成年人担忧的语境来阐述杂志的趣味性和针对女性市场的核心。

一味标榜内涵而忽视门面，也是种肤浅。——《悦己》杂志

同样是《悦己》杂志的文案，呈现出与上文不同的语境，但是阅读完以后会有不自觉的忧心。不是说每个人都活得必须精致，而是当一味鼓吹"内涵"而看不上会为自己打扮花费精力的人们，则是另一种"非此即彼"的肤浅。

剩女不一定是剩下的人，也可以是剩下的时间等合适的人。——百雀羚

百雀羚的文案很辛辣，"剩女"一词的出现对大龄不结婚的女性们十分不友好。好在时代进步很快，"剩女"慢慢地不再成为精神上对女性的

第五章
善用"喜怒忧思"写文案

压迫，因为女性的强大可以挺直腰板说"不"。

　　让阅读不再孤独。——微信读书

　　微信读书通过 App 和通讯录打造出一个熟人的阅读场景，基于微信的朋友关系网，可以看到好友阅读的书目与书评，以及每日的好友间阅读书量排名，呈现出共同成长、互相较劲的学习氛围。

　　支付宝年度账单文案：

　　有时候看哭的不是电影
　　而是经历

　　这句话来自一位云南省的姑娘，被支付宝引用了。想到《心灵奇旅》上映后，我的一位朋友77看完之后疯狂推荐给我时说的第一句话就是："电影太好看了，我在电影院嗷嗷的哭，停都停不下来。"后来我才明白，她之所以触动，完全是看到了自己的影子，那个弱小的灵魂被无数人指责的场景，让她这个"过来人"直面时不知所措，只好默默抹眼泪。

　　有思想的年轻人在哪里都不太合群，直到他们来到老罗英语培训。——老罗英语

　　你已经在多少次下定决心学好英语又半途而废了？
　　跟不屈不挠的人在一起，坚持到底的可能性大一些。
　　——老罗英语

老罗总能在洞察中占得先机，比如用"有思想的年轻人不太合群"来吸引觉得自己不合群又没人理解的年轻人；发现"半途而废"是人们普遍无法坚持学习的原因，所以，打出了老罗拥有的是一群不屈不挠的学习者。

人是群居动物，自己一个人无法坚持下来的事，可能在一个团队中就能完成了，有时候不得不坚持、退缩就要被人看不起，让很多人抛下了"懒惰"。孟母三迁的故事说明了环境对人成长的意义，一个良好的学习环境造就拥有良好学习习惯的孩子的概率比家庭人员从不看书大得多。

礁溪老爷酒店品宣文案：老爷式成年理

有些任性，大人才懂

老爷式成年理

道理一：

心血泡汤

没关系

身体泡汤

补回来

道理二：

遇到自己的菜

不要怕吃太久

道理三：

后来懂了

骨子要硬

但身子要软

第五章
善用"喜怒忧思"写文案

道理四：

心里有事

请个事假

这套文案的整体概念叫作"老爷式成年理：有些任性，大人才懂。"文案共有泡汤、用餐、躺卧、刷牙、小酌及赖床 6 个主题，延伸出 18 句"老爷式成年理"，组成了一家有故事的酒店。文案中聊得看上去是一些"小任性"，但是却一语道破了成年人才深谙的道理。在破解了成年人精神上的困扰之外，竟然还有一种无形的诙谐幽默感。

我特别喜欢其中一段，"心里有事，请个事假"。成年人不需要事事隐忍，偶尔也可以撒个娇、放下一些执念，豁出去一次，毕竟除了自己心中的忧心需要抚平，其他的都可以放一放。

塞莱维品牌故事文案

用上 3 小时吃一顿正餐

花了 2 小时喝一杯下午茶

费了 1 小时踩自行车欣赏路边的美景

发呆半小时与草木鸟儿对话

生活不单有加班熬夜和凌晨 4 点的归途

也能赞美自己，感受与家人朋友相处的幸福

冲破时间的桎梏，体验宁静的归属

体验当下，察觉身体真实的感受

……

塞莱维，滋养你的美

塞莱维美容 SPA，名字来源于法语，C'est la vie，意为这就是生活。关于这个案子我在前文提到过。而这段长文案是我在品牌基调上为他们塑造的品牌故事。

　　生活的节奏太快了，快到大家都意识到再不停下来休息一下随时会崩溃。太多人在事业的快车道上没法变道。特别是女性，在"女强人"的光环下，隐藏着数不清的委屈、焦虑和痛苦。从"快车道"到"慢生活"，我们看到了塞莱维给大众带来的可能性，用"慢"的步伐和"漫"浸染去"滋养你的美"。我们是否也向往过惬意和浪漫的生活，早晨醒来出门采几朵小花装点餐桌，一边弹琴一边喝茶或酒，享受香氛下的放松……我的创作主旨是用向往的生活去引领那些想要放松休息的人们，带来品牌的关切和分担焦虑的心。

奔驰品牌广告片文案：虽坐拥珍物，宁虚怀若谷

这么些年下来，我才开始明白
那许多让人艳羡的、追求的所谓成功
我们其实并不真的知道，它是什么

或者说
我们自以为知道，它是什么

我们更熟悉的
反而是，挫折的面貌
它有的是办法在任何时刻
让那些就算对命运再顺从的人
都觉得难堪

然而有少数人

第五章
善用"喜怒忧思"写文案

并不因为挫折这么具体

而失去了抽象看待人生的能力

他们的生命中，总有更多可能，更多希望

他们根本就相信

世界不一定只是他们所看到的样子

那些我们看在眼里，叹在心里

却也忍不住要为他的将来担心的人

他一生的实践

并不在意从遭遇的挫折中，得到补偿

反而是去追问

属于自己的成功，可以是什么

在人生的某些时刻

即便只是初现端倪的成功

都让我们以为

这一切是来自命运的奖赏

几乎没有人察觉

命运真正要向我们揭露的

才刚刚要开始

此刻的你

被迫得放弃过去那个曾经演的风生水起的角色

人生意外回到原点

秒传文案

也许刚好让我们知道去寻找

自己原来的样子

挫折更擅长的是落井下石穷追不舍

它等着我们输光手里的筹码

它也无视我们如何千辛万苦

才将一手烂牌，打成好的

人无法预知自己是不是做了对的决定

不过，人在落难时候所做的决定

日后身在高处也不会忘记

每当我们细细琢磨那些

能把那些事业做大、做好的人

好像谁都能说一大串相似的特质

比方说

勤奋、律己、胸襟、眼界、谋略、胆识

这些当然不能少，当然很重要

然而有些特质，隐在深处，不轻易能被人看见

看似无用，与成功也毫无关联

其实我们心里明白

柔软比坚强更有力量

关怀比宣言更有启发

谦逊、诚实、怜悯的珍贵在同理心

第五章
善用"喜怒忧思"写文案

　　财富、声名、地位，在此刻微不足道

　　至此
　　日后若是听说某人如何成功
　　我们理应半信半疑

　　成功从不被谁终于拥有
　　我们至多与它片刻并肩

　　多亏那些年筚路蓝缕
　　才能也才懂心怀感激
　　经历风雨是你，无谓得失是你

　　我们追求成功，实与旁人无涉
　　无论宏伟卑微，自知个中滋味

　　文案来自李宗盛和奔驰合作的品牌广告，讲述了一个普通人走向成功，又回到内心平静懂得人生的故事。通过20岁、30岁、40岁、50岁不同阶段的人生，展现他不同时期的心路历程。年轻的时候渴望成功，等待成功后、失败后才发现追求的成功与他人无关，个中滋味，自我了了。

　　文案好似是一段"过来人"的箴言，以自我发展的轨迹和人生所遭遇的种种来观"真正的人生"。人生哪有什么一帆风顺？哪有什么成功？不过都是自我的执着。哪怕"不成功"又如何？世人眼中的"成功"从来不是自我人生的"成功"。越早看懂的人，越容易达成"成功"。

　　2021年迪士尼与皮克斯合作了一部动画片《心灵奇旅》，讲述了两个灵魂互相救赎的故事。一个渴望成功，一个害怕生活。但是没想到害怕来到地球经历琐碎生活的灵魂却意外点燃了"火花"认证，拿到了前往地球的通关密码。一心想要死而复活的灵魂，却在完成他的梦想后觉得索然无味。

"一直以为'火花'就等于梦想、追求、目标的人类该是多么的无趣啊，累不累？"心灵学院的导师是这么说的。

世人对成功的渴望，恐怕要列为"贪嗔痴"。所以，会有焦虑和烦恼，都是求而不得的结果。

当我们重新懂得"火花"不是目标，而是关注在每一个当下的时候，自然对"成功"的定义有了更多的解释。可以是重新认识自己和身边的朋友，与家人温馨的相处感受亲情的羁绊，可以是闻过花香、饮过蜜水、尝过清风的瞬间……

品牌的高度，在于对精神的探索。奔驰与李宗盛的合作无疑是让品牌的高度往更深层次去。在表象中探寻成功，实则探求的是内心的自我认可的成功，最后通过广告触及消费者内心，成功激发了火花！

（4）惊恐之忧

恐惧感的形成，一种来自害怕。害怕失去：害怕没有得到，害怕在得到后失去。

品牌的饥饿营销之所以能够成功，就是不断地通过延迟满足让消费者垂涎欲滴。不断地投入关注，加重自己的赌注，更害怕投入了那么多的关注还得不到，加深恐惧感。

还有一种恐惧感来自"扎心"。品牌通过对现实的洞察，通过对价值观的认同，扎心于那些还没有达到价值观要求的人群。

运用以上对惊恐之忧的情绪内核理解，使用情绪型文案写作法，撰写

第五章
善用"喜怒忧思"写文案

我们的精彩文案吧!

"忧"型情绪写作法:

招数一:找到带有"忧"字,或与"忧"相关的文字,遣词造句。

招数二:文案加入疑问、疑惑等相关的文字,语音语调呈现不确定之感。

招数三:运用情绪共情法,体现忧虑之感。

《城市画报》旅行:赶快上路吧,不要有一天我们在对方的葬礼上说,要是当时去了就好了。

有梦就追,不让自己后悔。这样的语言,几乎与小品中的那段"人走了,钱没花了"一样的让人听完之后无所适从。

"葬礼"这词有天然的惊恐之忧,只要与"死亡"挂钩,必然让人惊心胆战。作者就是运用了这种文字之忧,将惊恐的情绪带给了每个读到它的人。

某地产广告:

- 故乡眼中的骄子,不该是城市的游子。
- 别让这座城市只留下你的青春,却没留下你的人。
- 不想每天在别人的花园里和你散步。
- 投资与人生一样,就怕走弯路。

有房才是家;用青春奋斗,也要用汗水买房;散步的心情怎么能因为自己的无能而打扰?虽然我不赞成这样的价值观,但是从一定程度上说,这些话刺痛了很多人。这个类型的刺痛,就是我们所说的情绪共情法。

秒传文案

世界不看你多努力，它只看实力。——方太

对于用实力说话的品牌，底气是不同的。就像是狼性文化的企业价值观，输出的是以结果为导向的价值观。过程对于我们人生的成长至关重要，但是论做事，也需要持续成事。

Yesterday you said tomorrow。——Nike

中国有一句古话："明日复明日，明日何其多。"当我们永远都期待明天的时候，行动是永远不会开始的。这种隐藏着巨大惊恐之忧的情绪不明显，很难捕捉，类似一种细思极恐的感觉。每当我们想到自己正在忍受拖延症困扰时，就想想这句话。或许，能够让我们背脊一凉。

你不会有第二次机会给人留下第一印象。——海飞丝

头上有头皮屑，让人不适。扎心的话用比较体面的说法表达了出来。

也许，你的指尖夹着他人的生命。——医院禁烟广告

禁烟标语下能让人驻足的，一定是能够扎心的语言。恐怖警告之下是让人能够起"怜悯之心"的忧。如同为了避免有人往水池里倒茶叶，我们曾在公司水池边贴有标语：堵住水管，就像是堵住了人类的血管。

最喜欢的衣服往往标着最讨厌的价格。——许舜英中兴百货文案

第五章
善用"喜怒忧思"写文案

　　许舜英的洞察让人心生警醒，人们对美好事物的追求，从心底来说，不会停止。

> 人变得庸俗
> 是从发胖开始的
> 不想被自己打败
> 首先要拿下0号身材
> ——来自网络

　　通过日常观察，使用"惊恐之忧"最为频繁的行业莫过于"美容、瘦身、整形、化妆品"这类与美相关的行业及产品，还有"牙膏、洗手液、洗衣液、除菌剂"等日常常用的消费品。

　　以上这则文案可能是减肥广告。谁不怕变得庸俗？如同谁都担心自己老了之后变得油腻。文案用"庸俗"制造恐慌，精准拿捏了女性对身材保持的天然敏锐度。虽然这种制造身材焦虑让人不适，但是却不得不说十分有用。

　　人生的开心准则，先把自己顾好，比如持续精进，比如避免油腻。"人生不是天生"，可以自己争取。

　　文案也是有实时性的。特别是我们在做品牌宣传的时候，文案的实时性特别显著。短短几年，汽车行业已经颠覆性地从油车称霸的时代转到了"电车还是油车"双向选择的时代。特别是小米汽车进入造车行业，掀起了电车界的巨浪。当我们过去还在讲外资品牌如何进入中国，现在早就已经开始了中国品牌走向世界的时刻。

4. 思

人们对"思"抱有很大的"崇敬感",如"我思故我在",如"思想者""文曲星"等,在不同程度上影响着世人更青睐头脑发达的人。

常思考、会思考的人往往拥有更多的"资源",因为想,就有可能去实现,让所思所想变为现实,"只有想不到,没有做不到"。企业往往也是如此,创新力是企业成长的关键性因素之一,对蓝图的提前鸟瞰,让"思"与"想"碰撞出火花。

在"思"的板块中,我将分为四大模块,分别讲述"责任担当、畅想之思、态度之思、意外之思"相关的文案撰写思路及案例剖析。

我相信,在这之后,我们能够更为灵活地运用情绪型文案三妙招写文案了吧!

"思"型情绪写作法:

招数一:找到带有"思"字,或与"思"相关的文字,遣词造句。

招数二:文案加入思索、想象等相关的文字,语音语调呈现对未来的无限畅想之感。

招数三:运用情绪共情法,体现思想、态度、格局。

(1) 责任担当

现代管理学之父德鲁克说过:"使企业遭受挫折的唯一最主要的原因恐

第五章
善用"喜怒忧思"写文案

怕就是人们很少充分地思考企业的任务是什么。"

> 科技以人为本。——诺基亚

诺基亚当年以每三秒卖出一台诺基亚手机作为广告语，用实力成为当时的 Top 1。虽然现在已经风光不再，但是不可否认，企业确实一直在践行着"科技以人为本"。

企业的任务是什么？为什么而存在？为社会创造什么样的价值？

文案人在帮助企业撰写企业文化时常常需要与创始人沟通。沟通的目的是精准表达企业创始人对于企业未来目标的思考。只有表达清晰了，在企业内部宣传上才能让企业与员工之间形成强大的文化链接，这就是我们常说的企业文化引领员工和企业的发展。另一方面，企业文化还能够支撑品牌对外与供应商、客户之间和谐的相处与双赢的商业生态。最终为社会和国家创造价值！

我在未来如何的精神宣言中写道：

> 未来如何精神宣言
> 科学家通过宇宙探寻未来
> 思想家利用书本武装理想
> 帝王需要谋士建立战略
> 将军统帅全靠血战沙场
> 品牌之路有梦想有精神
> 要战略亦要策略
> 我们是一群为创意发狂的营销人
> 坚持实战，如何营销，探讨未来

当时我在撰写文案的时候就在思考，未来如何做营销应是一种什么样的态度呢？从而有了"从宇宙看向内在"的超高视野以及"由古至今都需要谋士"做策略的需求表达。最终表达对创意的认真态度！当我在写这段文案的时候，一气呵成，整个状态沉浸在对"创意、战略"思考的情绪表达上。因此在我们撰写长文案时，更多使用的是"第三招：情绪共情法"。这招看似没有像第一招那样一比一给出文字方向，但是却藏在了我们文案人的血脉里。这种共情是"只能意会，不好言说"，但是却在时间长河里，越写越有！

当企业和品牌站在消费者立场上思考的时候，它和消费者的关系才是良性与健康的关系。

"怕上火，喝王老吉。"

"今年过节不收礼，收礼只收脑白金。"

……

这些看上去给消费者购买理由的广告语，本质上是希望通过产品帮助消费者解决问题。王老吉做凉茶，希望能解决消费者上火的问题；脑白金希望解决人们送长辈礼物的问题。

只要人有疑惑，就会有品牌出现解决，这样的担忧和抚慰就像是五菱在大众面前发出的呼喊一样："人民需要什么，五菱就造什么。"

不同于王老吉、脑白金，五菱的一句"人民需要什么，五菱就造什么"，更像是一种使命的传达。所以，当五菱造出没有空调的汽车卖着超低价格的时候，消费者觉得这个非常符合五菱的使命感。

兴业银行的"尽我所能，敬我所不能"。充满了人文气息感，带给人们很强的鼓舞之情。

企业通过品牌与消费者交流和对话，通过广告传播品牌的使命、愿景、

第五章
善用"喜怒忧思"写文案

价值观,受到更多人的监督,同时以身作则获得更多的认可。

告诉大家自己能做什么,是一种责任的表现;传达精神的诉求是一种责任的表现;让大家为自己负责更是一种责任感的表现。

> 喝杯水都可感知的精准。——小米体重秤
> 比女人更了解女人。——雅芳
> 用实力让情怀落地。——JEEP
> "专业值得信赖。"

"精准、更了解、实力、落地、值得、信赖"这些词语都是自带责任感的词语。如同专业感中蕴含着品质感,也是企业的责任感。

从个人来说,自己为自己负责就是最大的责任感的表达。能力越大,责任越大。责任感是一种担当。

> 我不是天生强大,我只是天生要强。——蒙牛

蒙牛的文案很有力量,好似站在个体的角度去诉说心里话,让听者感受到了品牌的人格化特征。从消费者面对品牌,变成了消费者直接面对蒙牛人,心情和态度完全改变。另外,以"天生好强"作为突破点,让人们能够很自然地联想到品牌的高品质严要求,还有作为"领头牛"的担当。

> 邦迪坚信,没有愈合不了的伤口。——邦迪创口贴

邦迪的文案一语双关。创口贴对愈合伤口有帮助,同时关联了心理上的感受。不仅直接体现了产品特点,还展现出了品牌对待处理"伤口"的

态度，呈现出"非常靠谱"的姿态。

> 请别让他们只留下名字。——国际爱护动物基金会 IFAW
> 不要让我们的孩子只能在博物馆里才能见到今天的动物。——动物保护组织公益广告

两句广告都在不同程度上表达着同样的诉求，爱护动物、保护动物，让未来的孩子们还能继续与动物们和谐相处，让见到动物们变成日常，而不是让动物们变得濒临灭绝。珍稀动植物之所以变得珍贵，很大程度是因为人类的野蛮掠夺。

不禁让我想起了抹香鲸遭到灭绝性的捕杀，从18世纪全世界110万头的数量，到19世纪骤减到33万头，至今变成了几万头，其中的鲜血与杀戮可想而知。抹香鲸被野蛮捕杀的核心原因是大航海时期人们意外发现了抹香鲸额部储存了丰富的油脂，经过人类加工后变成了抹香鲸油和抹香鲸蜡，点燃后不仅燃烧时间比普通灯油更久，味道还特别好闻，成了世界上最好的照明用具，这才让人类动了"杀"机。美国总统约翰·亚当斯更是赞叹道："在自然界已知的一切物质中，鲸蜡发出最清亮、最美丽的火焰。"

> 仅以人的标准评判生命的贵贱，是人类最大的偏见。——公益广告

我在想，写这句广告文案的人一定也听过庄子的"无用之用"吧。伐木人觉得有用的树木一定是可以用来做"栋梁"的笔直、粗壮的木头，但是庄子告诉我们："树不成材，方可免祸；人不成才，亦可保身也。"他又说："山木，自寇也；膏火，自煎也。桂可食，故伐之；漆可用，故割之。人皆知有用之用，而莫知无用之用也。"

第五章
善用"喜怒忧思"写文案

人类看起来无用的树木，反而能够让它自由生长。有用无用不该是人类说了算，更不能以人类眼光看上的有用无用来界定人、动物、植物等所有生命及那些无灵性物品的价值，都是偏颇的。

> 不要因为十指间的精彩，忘却了身边真正的风景。——泰国DTAC广告（DTAC是泰国的一家电信公司）

手机在这个时代几乎变成了人类的"器官"，好像长在了身上。吃饭的时候在看手机、空余时间在看手机，只要不睡觉几乎都拿着手机……

太多的呼吁让大家不要因为沉迷手机而忽略了身边的人和美好的事。可是时代回不去了，手机、高科技发展让互联网信息在身边不停地出现变成了常态。当然，这不是科技的错，人类有责任让科技为人类所用，而不是被控制。

> 关注孩子，不要关住孩子。——公益广告
> 态度改变，孩子的人生也会跟着改变。——公益广告

孩子与家长之间的关系好像很少是对等的，父母就是家长，是权威，孩子不敢反抗。

我们都说父母是无条件的爱，可是一到考试结束就有了数不完的比较。"只要学习成绩不好，就不能出去玩。""如果你不听话就没收玩具"……这似乎变成了家庭中的一种默认沟通方式。随后孩子有可能出现叛逆，用家长更无法接受的状态来报复……

大人们习惯性用"我为你好"的名义"控制"孩子，来满足自己没有获得的所谓的"美好未来"的期待。如果我们没有觉醒，很容易成长为曾经痛恨的家庭教育方式的继承者，并为此冠上：当自己成为父母后才真正

开始理解自己父母亲的不易。然后，用更严苛的方式对待自己的孩子。

我们做过一个家庭教育中心的案子，他们专门研究原生家庭与个人成长的关系。这个品牌叫"智慧爱"，我们为它塑造的广告语是："智慧爱，让相处更自在！"

智慧爱是品牌名，让相处更自在是企业的使命。"相处"在我们生活中无处不在：人与人之间的交流生活是相处；我们与家庭的关系是相处；我们与物与金钱的关系都是相处之下的关系。而"自在"是一个舒适的结果，是每个人都向往的生活方式。这恰好瞄准了家庭教育、关系梳理的核心，解决"相处"问题，完成"自在"人生。

自由自在·智慧爱品牌故事文案

老子以"道"释万物，
著《道德经》，三生万物、而常自然；
庄周梦蝶、鼓盆而歌，
延续了"天人合一、至乐"的道法。

黑格尔论证人类奋斗史的目标，是自由；
康德赋予人类之间的无上律令，是博爱。
萨提亚以尊重、沟通和冰山，智慧爱制定学习、践行、分享；
牵动个人与原生家庭的联系。

践行，是动词也是名词；
吃饭就吃饭，睡觉就睡觉；
走路就走路，沟通就坦然；
真实地一步又一步，就是践行。

第五章
善用"喜怒忧思"写文案

> 东方与西方,
> 虽有肤色之别,但思想却是融通;
> 悟出自己,让灵魂进行深度的光合作用;
> 智慧爱,让相处更自在。

围绕着东方与西方对精神自在的向往与追求,我们创造了以"自由自在"为主轴的品牌故事。正如这个故事中所表达的"道"是东方对高维的表达。庄子的理论恰好是对自由生活的一种诠释。黑格尔、康德正对应着西方哲学的高度。萨提亚原生家庭的探索是智慧爱学习的理论基础。东方和西方,在"道"的高度上是相通的,只是呈现出了不同的模式,也就有了对"践行"意义的阐述:吃饭就吃饭、睡觉就睡觉、走路就走路、沟通就坦然。这些与"禅宗曹洞宗:只管打坐"何其相似。

这就是我们想表达的智慧爱的精神追求,让相处更自在。

> 悲痛生长坚强,再大的灾难除以13亿我们也有信心承担,再小的努力乘以13亿也会变得无比强大。——抗震救灾宣传片

中国人,超团结!抗灾救险、一致抗疫,很少有国家的人民能做到与中国一样,就像文案中表达,13亿人民的心无比强大。这句话不仅温暖了那些在灾难中不幸的人们,也鼓舞着想要尽绵薄之力的中国人。

公益性的文案往往能够给人们带来警示性的思考,还有大爱的关怀与感动。从小到自我的担当和宽大的胸怀,大到企业的承担与奉献,顺应着古语:"有钱出钱,有力出力。"有多大的能力就有多大的担当与责任,当我们肩负起自己的责任时,奉献让世界更美好。

万科广告文案:"中国元素,人本长流"系列

时间篇:为每一个家园,见证一生承诺

百年建筑,基于诚信。万科深信,唯有经过时间历练,方能将承诺积淀为诚信。为此,万科珍视已承诺的 6 万多个家,希望以时间赢得信赖,为家园见证一生的美好承诺。发乎内观的诚意与信任之心,20 余年,自始未变。

姓氏篇:为每一户家庭,印证一种幸福

有多少个家,就有多少种幸福的方式。迄今,万科已为 6 万多户家庭筑就了幸福,皆因对幸福的无限憧憬,对家庭生活方式演变的敏锐体察。营造幸福源泉、印记幸福生命的谦恭之心,20 余年,自始未变。

土地篇:为每一幅土地,铭刻一类生活

栖于大地,归于大地,人类是大地之子。万科尊重每一幅土地的不同质感,将相同的生活梦想铭刻于不同的土地,铭刻于遍及全国的 66 个社区。源于大地的理想主义之心,20 余年,自始未变。

2006 年,"中国元素,人本长流"系列广告文案,从诚信、谦恭、尊重三个层面来阐述万科的企业担当与社会责任。文案透露着万科一直以来的勤恳与踏实,只有真心对待消费者,才能收获消费者的真心,一点都不假。

苏州工业园区园林品牌画册文案:

思源

黛安·艾克曼曾说:树木引导我们的视线,从大地到天空,

第五章
善用"喜怒忧思"写文案

联结生命细节与无际苍穹。

园区园林正是那向上延伸的视野，以吉林森工为根，带领着园区园林人，建设品牌之国、一同成就着明天的浩瀚壮丽。

起点

敏锐洞察是一种独特的天赋，能辨别每一棵植物的属性，每一片土地的温润，每一朵花的芬芳……园区园林以天生的独特洞察力，在需求形成之前，先闻到风的意愿、浪的动向，以敏捷追上敏锐，创造着众人眼前的世界！

境·无止境

园区园林，一个有心的团队，希望以无限的想象力建构一座座梦想之境，并以持续创造奇迹的能力不断打造出让人惊艳的传奇。

柏拉图曾言："地球万事万物，在天堂都有理想的版本。其重要性并不在于它们是否真实存在，而在于我们无暇的追求。"

境·无止境，是园区园林对现实的追求，并践行的前行箴言。

只要愚公的信心不移，没有一座山可以阻挡人的前进。

当先

山可以提高我们的视野，水能加强心灵的景深；

和静立十年的大树一起吐纳，与千年沉迭的土地一起脉动。

品牌的强大，唯有人才团队与技术创新为先行者。

境·无止境是桎梏，是指引园区园林得到源源不断能力的前行力量。

并蓄

在这个比速度、比维度的高度竞争时代，

信仰、追求、创意、美学、行动力……皆需指引。

而园区园林正需每一步的夯实，成就园区园林的品牌之国。

道远

春夏秋冬，时序如流，二十多年披荆斩棘步步为营。

"投资、设计、建设、运营"，如今的每一步都扎实探索，沉稳笃定。

基业长青，梦想无疆；一张浩大壮丽的愿景图，就在眼前。

以终为始，境·无止境。

以上是我为苏州园区园林做的品牌宣传手册的文案。文案用于宣传手册的各个专题的扉页部分，用于区分企业从文化、专业、人才、案例等各个部分，增强画册的可读性。在撰写文案时，我通过品牌理念及广告语"境·无止境"为核心，将苏州人文与品牌责任担当的理念结合其中，呈现一种积极正能量稳步向前的态势。

（2）畅想之思

"思"最直观的理解是"思考"。一件事、一件物，人们看到后，脑中会不自觉地关联，回想一些自己见过的并与之对应，为的是更好地唤醒自己的记忆。运用记忆开始畅想，也意味着创造新的可能。

知乎广告：《有问题就会有答案》

没办法

这样的问题

第五章
善用"喜怒忧思"写文案

就是留给我们这代人的

有人举手发问
谁能帮中国拿一个诺贝尔文学奖
莫言举手作了回答

有人举手发问
盐碱地里能不能种出水稻
袁隆平举手作了回答

很多人举手发问
除了京剧、功夫和中餐
我们还有什么东西可以分享给全世界
刘慈欣举手作了回答

全世界举手发问
一个国家最宝贵的财富是什么
钟南山、张文宏们举手
代表无数中国人作了回答

无数人在举手发问
我们应该如何生活,如何思考
如何走出困境,如何应对挑战
如何寻找乐趣,如何探寻真相

因为数不清的、崭新的问题

秒传文案

尚未记录在人类出版过的一切书籍上

未曾听闻于前辈口口相传的经验里

不知不觉我们走到了无人区

已经没人可以教我们应该怎么做

我们要举手发问

路，向何处求

但世界上每一个问题

终究都会找到它的答案

因为答案并不在未知的未来

它藏在每一个人的大脑里

每一个人的生活里

每一个人走过的脚印里

只要举起手来向着无数的人

分享我们的知识、经验和见解

曾经一个人走过的路，就变成了无数人的路

2011年1月，知乎上线后的第一个问题

如何正确使用知乎

到今天有超过4400万个问题

问所有你想的到的问题、想不到的问题

有超过2.4亿个回答

用文字、用图片、用视频、用直播

就在一问一答之间

第五章
善用"喜怒忧思"写文案

我们一起战胜了未知带来的恐惧与焦虑

傲慢与偏见

就在一问一答之间

我们变成了路灯

一座路灯只能照亮 100 米的旅程

没关系,数以亿计的路灯

可以照亮这颗星球上所有的路

但这远远不够,还有太多问题,不问不快

我们要举起手来发问

你要相信

你的问题,也是无数人的问题

我们要举起手来回答

你要相信

你的答案能给无数人答案

我们相信

在这个世界上有人提问就一定有人回答

知乎

有问题就会有答案

这代人的问题

会找到这代人的答案

有问题就有答案，就好像有人面对面抛出问题，人们大脑的第一反应就是回答，有多少人能做到"讳莫如深"？对问题的思考已经溶于血液，我们的大脑无法停止，除非刻意练习。面对现实，广告文案要做的就是顺应，顺应人们的大脑意识发展，让人们认同而不是批判。

三里屯 Village，文案

这里是天堂，这里是地狱

如果你爱一个人，你要带他去

如果你恨一个人，你要叫他来

这里是潮流革命前线

这里是修身持志后院

这里有偶像出现

这里有竹林七贤

这里名牌四射

这里素面朝天

这里吃喝玩乐夫复何求

这里悲欢离合天长地久

这里是诗人的流放地

这里是艺术的自留地

这里什么都是

这里什么都不是

这里是三里屯 Village

三里屯 Village 是一个开放式购物区，借由三里屯最早期艺术、音乐、使馆区交错的文化氛围，展现出艺术、潮流、文化，不同人群的聚集和更为开放的文化形态。文案正以如此的基调展开，用押韵的表达，将三里屯

第五章
善用"喜怒忧思"写文案

Village 的特性尽情地展现。非常直接,毫无遮掩的夸赞表达,让消费者能感受到三里屯 Village 的创新和魅力。

中兴百货系列文案

书店篇

到服装店培养气质,到书店展示服装,

但不论如何你都该想想,

有了胸部之后,你还需要什么?脑袋。

有了爱情之后,你还需什么?脑袋。

有了钱之后,你还需要什么?脑袋。

有了 Armani 之后,你还需什么?脑袋。

有了知识之后,你还需要什么?知识。

贵族与侍女篇 / 贵族与侍者篇

当 ARMANI 套装最后一粒扣子扣上时,

最专业而令人敬畏的强势形象是完成。

白衬衫、灰色百褶裙、及膝长裤、豆沙色娃娃鞋,今天想变身为女孩。

看见镜子进而身上的华丽刺绣晚装,

于是对晚宴要掠夺男人目光并令其他女子产生妒意的游戏成竹在胸。

仅一件最弱不禁风的丝质细肩带头衬衫,

就会是他怀里最具攻击力的绵羊。

衣服是性别。

衣服是空间。

衣服是阶层。

衣服是权力。

衣服是表演。

衣服是手段。

衣服是展现。

衣服是揭露。

衣服是阅读与被阅读。

衣服是说服。

衣服是要脱掉。

服装就是一种高明的政治，政治就是一种高明的服装。

许舜英的文案是某种意识形态下的思考和呼喊，在为中兴百货出了非常多的绝妙文案里，我们能看到许多思辨。我们至今都很难通过某种特定的规范去评价她的文案优胜之处，毕竟当文案变成文案艺术表达，感受才是最好的回答。

步履不停衬衫文案

（一）

诗意不在心里

也会在别的地方

（二）

学会独处

也是一项才能

（三）

要成为一把剑、一座山

做自己的武器和靠山

(四)
想去一个地方
听听万物生长的声音

(五)
人生如果能像线条
我愿意让它直一点

步履不停的文案不但浪漫,而且有无限遐想之思。与其说他们在描述衣服的质感,不如说他们一直在塑造穿上衣服的感觉。超然脱俗的小美好,让消费者们充满好奇心。

祁门红茶经典长文案

再吐几个烟圈之后

查尔逊船长

将载着一千五百吨茶叶

遗忘土地的味道

六个月又零几天的海风

等待着查尔逊船长灰蒙蒙的胡子

淡淡的薄雾,露不出阳光的清晨

若是再加一点点小小的雨丝

嗯!他已经想起了

在伦敦喜欢拨弄他胡须的小孙女

这个季节起风了

在过一会儿，这夏日海风

就将送他回到几千里外的伦敦

1875 年远渡英伦，现已回来

统一祁门红茶

一八七五年远渡英伦，现已回来

祁门红茶

十九世纪的伦敦，一个接一个的下午茶会

来自中国的祁门红茶，总是扮演着优雅自在的主角

在英国人眼里，这种下午茶文化足与莎翁比肩

在祁门红茶的时间里

总是有想见的人，总是有想起的事

是不是，有些人已经被遗忘了很久

是不是，有一天突然想起了他（她）

是不是，有些事已经被忘记了很久

是不是在某一刻它又发生在你的眼前

记忆让时间变得更奇妙

在生命不经意中一点一滴地浮现

茶给了时间味道

茶给了时间味道

转动手中的红茶，寂寞失去支点

生活把情趣罐装了起来慢慢品尝

沿逆时针转三圈，时间并没能回去原点

只剩下记忆在红茶里踱步

心情的长句，在红茶的逗点下，生动起来

第五章
善用"喜怒忧思"写文案

走到尽头的休息间,通往上上世纪的闲情

浅啜红色经典

祁门红茶的文案如同名字一样有着历史的沉淀感。这种感觉像一段段故事,随着时间的沉淀同茶的芳香一同被观赏者细细品味。好的产品文案一定有故事感、文化感,才流传得更远更久。

长城葡萄酒系列文案

三毫米的旅程,一颗好葡萄要走十年

三毫米,

瓶壁外面到里面的距离,

一颗葡萄到一瓶好酒之间的距离。

不是每颗葡萄都有资格踏上这三毫米的旅程。

它必是葡园中的贵族;

占据区区几平方公里的沙砾土地;

坡地的方位像为它精心计量过,

刚好能迎上远道而来的季风。

它小时候,没遇到一场霜冻和冷雨;

旺盛的青春期,碰上十几年最好的太阳;

临近成熟,没有雨水冲淡它酝酿已久的糖分;

甚至山雀也从未打它的主意。

摘了三十五年葡萄的老工人,

耐心地等到糖分和酸度完全平衡的一刻才把它摘下;

酒庄里最德高望重的酿酒师,

每个环节都要亲手控制,小心翼翼。

而现在,一切光环都被隔绝在外。
黑暗、潮湿的地窖里,
葡萄要完成最后三毫米的推进。
天堂并非遥不可及,再走
十年而已。

长城葡萄酒

太阳有两个,一个是给别处的,一个是我们的
上帝一定也爱葡萄酒
给了我们与别处不同的阳光与土壤
在堪比波尔多的葡萄产地
阳光善解人意,气温恰到好处
675ml 的平均降水不多不少
仿佛上天用量杯悉心测过
当然还有排水优良的砂质土壤
在输送充足养料的同时
亦不会影响葡萄的甜度
如此的天赋条件
才生长出颜色与味道俱佳的葡萄
摇身化作了独具灵性的葡萄美酒
长城葡萄酒

不但源自享誉世界的黄金产地
更出自有时间为证的酿造经验

第五章
善用"喜怒忧思"写文案

和独具一格的储藏工艺

让好酒之间没有距离,只有共同的酒香

和可遇不可求的天赐品质

地道好酒,天赋灵犀

在地下,也有天堂
不用怀疑

在地下10公尺的恒温地窖

就是爱酒人的天堂

无数饱满多汁的葡萄

经过榨汁、去梗、提纯、过滤的多重工序后

才有资格在古朴而昂贵的橡木桶里

脱胎、换骨、发酵、酝酿

在这漫长的等待中

他们都坚信着地窖入口镌刻的格言

没经过地窖

就到不了天堂

长城葡萄酒

不但出自独树一格的贮藏工艺

更源于享誉世界的黄金产地

和有时间为证的酿造经验

让好酒之间没有距离

只有共同的酒香

和天道酬勤的欣慰与喜悦

地道好酒　天赋灵犀

十年间，世界上发生了什么？
65种语言消失；
科学家发现了12，866颗小行星；
地球上出生了3亿人；
热带雨林减少了6，070，000平方公里；
元首们签署了6，035项外交备忘录；
互联网用户增长了270倍；
5，670，003只流浪狗找到了家；
乔丹3次复出；
96，354，426对男女结婚，
25，457，998对男女离婚；
人们喝掉7，000，000，000，000罐碳酸饮料，
平均体重增加15%。
我们养育了一瓶好酒。

地道好酒，天赋灵犀

《三毫米的旅程，一颗好葡萄要走十年》的文案让长城用十年酿酒的故事走进了消费者的心中。文案是有魅力的，让原本不懂酒不知其中滋味的人也能感受到好酒在大自然的养育之下被酿造出来的芬芳。十年，说长不长，说短不短，自从知道了十年这系列文案，让我们对长城又有了很多不一样的看法。好酒、文化，需要被诉说，才能被知晓。

看完这段文字后，你就会闻到山茶油的味道。

第五章
善用"喜怒忧思"写文案

金龙鱼山茶油文案

走进葱绿连绵的江南山区，嗅觉一定要保持在最敏感的状态。因为，天气好的话，你会闻到野生油茶特别的清香。野生油茶是非常稀少的茶油原料，他们只在南方少数高山地区的灌木丛中安静地生长。不需要任何化肥农药，阳光、雨露和山区特有的自然气候，就是最天然的肥料，加上山里人朴素悠扬的山歌，令油茶饱含天地灵气，成为自然界最富营养的绿色油类。

油茶的生长周期很长，在秋意正浓的时候，它们才开始吐露花蕾，之后2~3个月，总会挽留大批蝴蝶和蜜蜂在浓郁的花香中度过一年中最后的美丽季节。特别的是，它们当年还不会结果，要在继续吸收一整年天然养分后的第二个开花季节才果实成熟。所以，当你再听到当地人向你炫耀山茶油的珍贵也就不足为奇了。

山茶果成熟饱满还没有落地，是采摘的最好时候。当地人用最传统的榨取工艺，把采下的茶籽变成滴滴新鲜美味的山茶油，然后在每一道农家小菜里肆意飘香。

现在我们应该感到幸运。因为品尝山茶油的美味，我们不用再走进山区，而是只需走进那间离你最近的超市。那里每一瓶金龙鱼山茶油，同样是提炼自野生油茶的天然精华。这时，如果你试图打开瓶盖对它的味道做一番鉴别，那么告诉你吧，真正提纯的上品山茶油，是没有颜色，也没有任何味道的。

或许，真正的味道，是应该保留到餐桌上吧！

这是一段山茶油从土地走向餐桌的旅程，质朴的画面感中仿佛能闻到山茶油的味道。文案故事来源于真实，让人们看到后身临其境是策划人最聪明的做法。因为真实感更让人们相信产品的"好"，就像是身边的朋友跟你推荐好吃的，我们格外的信任，这就是真实的力量。

兰乔圣菲别墅系列文案

没有一定高度，不适合如此低调

低坡屋顶下，那种平和淡泊的心境氛围，只有真正的名仕巨富才能心领神会、视为知己。由南加州 RANCHO SANTA FE 建筑风格演绎而来的兰乔圣菲别墅，不像古典式豪宅那样复与张扬，没有任何刻意与炫耀的形式，唯有质朴纯粹、充满手工与时间痕迹的建筑语汇，仿佛在平静中述说一段悠长久远的历史，一个意味深长的传奇、一种阅尽辉煌的人生。

踩惯了红地毯，会梦见石板路

还没进门，就是石板路，黄昏时刻，落日的余晖在林荫路上泛着金黄的光，再狂野的心也会随之安静下来。车子走在上面会有沙沙的声响，提醒你到家了。后庭的南面以手工打磨过的花岗石、板岩等天然石材拼就，供你闲暇之余赤脚与之厮磨。屋檐下搁着石臼与粗瓷坛，仿佛在静静等待着雨水滴落，追忆似水的年华。

一生领导潮流，难得随波逐流

风云间隙，何妨放下一切，让思想尽情随波逐流。这里珍藏着两条原生河道，它们经历着这块土地百年的风雨和阳光，沉淀着醇厚的人文意蕴，就连上方缥缈的空气都充满时间的味道。经过系统整治的河道，生态恢复良好，绝非人工的景观河可以相提并论。草坡堤岸自然延伸入水，有摇动的水草、浮游的小生物、大大小小的卵石，更不缺少流淌荡漾的情趣。

看不见浮华，正是价值所在

没有多余的装饰，或者张扬的树种。亲近平和的庭院氛围会

第五章
善用"喜怒忧思"写文案

让你想起早期的庄园,混合种植着树木,密植树木和密植的低矮灌木、花草,以尽可能与原生态林相匹配。前庭后院用矮墙、花架和绿篱进行分别,车行系统与人行系统也以植栽的灌木分割,形成和谐的景观感与空间感。前院风格开放,是与友人品茗会聚之所,是专门留给主人的思想领地。

没有 CEO,只有邻居

放下名利与地位,忘掉尊贵与虚荣。兰乔圣菲的会所是原味精神的延伸,当然也是家的延伸。沿着河边道路踱过石桥,就是三面环水的会所。这是由多重院落组成,内含大草坪及无边界游池的围合式建筑。没有任何金碧辉煌,只有阳光、花草、艺术与健谈的邻居,最是在风云际会的间隙,邂逅知己之士,享受阅尽奢华后的淡泊与闲情。

有痕迹,才够完美

没有沧桑的历史不够厚重,没有痕迹的建筑不够味道,反工业化的原料与工艺真传,让兰乔圣菲的手工、自然与岁月痕迹成为现实,并且不动声色地融入你的生活。而这一切,在红色陶瓦的排列中、在大面积STUCCO色彩变化中、在砖与砖的勾缝中、在木质大门的纹理中、在窗饰细节处理中,甚至在一只最不经意的陶罐中,都可以找到完美的答案。

粗犷的气质,值得细细玩味

是粗犷的视觉艺术,也是精湛的手工艺术。国际工艺专家现场传授的STUCCO纯粹本色,用恰到火候的色彩变化、时间纹理与粗犷视觉,再现久违的心灵震撼。每一块墙面毛石的凹凸处理、每一件铁艺制品的接点处理，都找不到两个相同的细节，而且精心承袭了时间、手工与个体的痕迹。如此极致纯粹的原味精神，一定让你叹为观止、玩味一生。

兰乔圣菲别墅的文案从今天看有种凡尔赛体的腔调。从案名到呈现都让人感觉走入了艺术的殿堂，可偏偏文案说"没有任何刻意与炫耀的形式，唯有质朴纯粹"，也许正如其所言："看不见浮华，正是价值所在。"

Nike 系列广告：平凡也能飞翔

（一）

他跟你没什么不同

有个平凡的名字

也会为脸上的青春痘烦恼

一进 KTV，也会变麦霸

但是平凡

无法让他不去向往伟大

更无法阻止他

去飞翔

（二）

这个大脑有时也会失眠

因为比赛前它总希望再快一点

哪怕只是 0.01 秒

第五章　善用"喜怒忧思"写文案

（三）

这只眼睛

爱看漫画和电影

但它更想看到中国人的

田径新世界纪录

（四）

这个肩膀

喜欢背上行囊到处跑

但它不怕扛起

所有13亿人的期待

（五）

这只手

擅长组装玩具模型

但它敢举起来

向世界证明：这就是第一

（六）

这只耳朵

不怎么爱听唠叨

但它渴望听全场一起

高呼同一个名字

（七）

这颗心脏

也会在紧张时乱跳

但每次一踏上跑道

那份挚爱总会让它

跳得更快

（八）

这就是条普通的跟腱

用太多也会受伤

但它敢无视所有借口

忍住伤痛

再赢回尊严

（九）

这张嘴巴在 KTV 里

怎么唱都唱不够

但它相信

在赛场上，行动可以代替它

说出一切誓言与决心

（十）

这只脚

享受坐在湖边踢水的悠闲

但最痛快的

还是把

60 多个冠军都甩在身后

第五章
善用"喜怒忧思"写文案

在文字与画面结合的内容不仅让人有更多遐想的空间，内容上也贯彻着 Nike 一如既往拼搏的精神，能让人感受到不断前行的力量和勇往直前的奋斗感，情感上归类于"怒"亦可。可见，很多时候情感上的触发是多样性的，不仅仅只是单方面的某一个触点。

（3）态度之思

态度可能是一句口号，站在高处的呼喊；态度也许是一种承诺，你我做事的风格；态度或许是不思而得的正念，与人交往的真心……雷诺表有一句文案是这样写的：有态度，自有人追随。

全联福利中心系列广告文案：全联经济美学

- 花很多钱我不会，但我真的很会花钱。
- 养成好习惯很重要，我习惯去糖去冰去全联。
- 我可以花 8 块钱买到的，为什么要掏 10 块钱出来。
- 真正的美，是像我妈一样有颗精打细算的头脑。
- 知道一生一定要去二十个地方之后，我决定先去全联。
- 长得漂亮是本钱，把钱花得漂亮是本事。
- 几块钱很重要，因为这是林北辛苦赚来的钱。
- 来全联不会让你变时尚，但省下来的钱能让你把自己变时尚。
- 省钱是正确的道路，我不在全联，就在往全联的路上。

全联福利中心是中国台湾大型零售企业，曾经出过一套主题为全联经济美学的广告。广告以消费者的形象搭配全联的购物袋。每张海报上都有一个人像（消费者）和他所输出的观点。观点的核心与主题碰撞，用"经济美学"来描绘"节约消费"的好处，实则是在告诉消费者他们的产品"更优惠"。

比起一些超市中悬挂的超级直接的文案"三公里内保证最低价，贵必赔！"全联福利中心是更有态度的文案。"省钱""节约"是很好的品质，值得大家学习。

一方面是生产过剩问题。很多企业因为误判，提前透支生产出许多商品。但结果是货品堆积如山，没有销量。另一方面是粮食节约问题。"谁知盘中餐，粒粒皆辛苦。"节约粮食，永远是作为人该有的本分。

同全联福利中心一样有态度的还有：

  聪明女孩在变美上做加法，账单上做减法。——蘑菇街
  我不是狐狸精，但是我花钱比狐狸还精。——考拉

都在描述一件事，花小钱办大事，才是时下聪明女孩的生存法则。

所谓"高度就是一种态度。"有一种态度，是品牌对消费者的尊重，塑造消费者的较高地位。

  最刺眼的不是阳光，是路人羡慕的眼光。——newbalance
  你本来就很美。——自然堂
  你值得拥有。——欧莱雅
  我能经得住多大诋毁，就能担得起多少赞美。——诺基亚N9广告《不跟随》
  天地间，你就是奇迹。——兰蔻

当人们看到上述这些文案时，仿佛自己就是整个世界的中心、主角、女王……霸气的回应让那些原本不自信的人找到了力量。这就是一种态度，人生要活得好，首先要自信。

还有一种态度是品牌自身对自己的尊重和身份认同，打造高端品牌的

第五章
善用"喜怒忧思"写文案

价值感。

> 不见身家，只见家。——山外山
> 唯一的不同，是处处都不同。——APPLE
> 打开车门就是家门。——滴滴打车
> 没有绝对的公平，但有绝对的伟大。——Nike
> 太不巧，这就是我。——Adidas
> 过时的沙发上，聊不出时髦的话题。从这一秒开始，餐餐面朝大海。——盒马鲜生
> 重要的不是享受风景，而是成为风景。——方太
> 没人能拥有百达翡丽，只不过为下一代保管而已。——百达翡丽
> 经历愈多，愈欣赏；看得愈真，愈欣赏；愈欣赏，愈懂欣赏。——轩尼诗XO
> 黄金是冷的，钻石是死的，豪华轿车也不过是汽车，别伪装，感受真实。——法国AMORCE费洛蒙香水
> 它就像孩子，你无法了解直到你拥有。——保时捷

自我价值高的体现就是很自然地说出"真实"又不那么"做作"的凡尔赛体。

别克君越:《新君子之道》TVC文案

主题篇

这个时代
每个人都在大声说话
每个人都在争分夺秒

我们用最快的速度站上高度

但是也在瞬间失去态度

当喇叭声遮盖了引擎声

我们早已忘记

谦谦之道才是君子之道

你问我这个时代需要什么

在别人喧嚣的时候安静

在众人安静的时候发声

别克君越，新君子之道

灯光篇

灯光，是有情绪的

冷静时，它不错过任何有效信息

冷漠时，它谁也不放在眼里

有时候，这条路也因为它而温暖

谁说相逢的都是陌生人

用灯光 say hello

不喧哗，自有声

别克君越，新君子之道

速度篇

在高速行进的路上

我们把什么丢在了后面

加速，再加速

却谁也没有甩开谁

风度是最美的速度

第五章
善用"喜怒忧思"写文案

不喧哗，自有声

别克君越，新君子之道

安全篇

一开始

安全是为了防备万一

渐渐地，当我们开始炫耀自己多安全

却成了马路上的威胁

其实，真正的安全

除了保护自己

也要将安全感给予一路同行的人

不喧哗，自有声

别克君越，新君子之道

安静篇

人们用喇叭声说着

我在这里

他们一再放大音量

可是你不会被干扰

因为，外在的喇叭声

也不能掩盖你内心

全速前进的引擎声

不喧哗，自有声

别克君越，新君子之道

别克君越的新君子之道非常有气度，有着谦谦君子孤芳自赏的感觉。

车子与人一样，有秉性，我们选择的每一物都不是平白无故的相遇。当产品的技术没有那么多可与其他品牌对垒之时，营造产品使用时的感觉，会是一个十分好用的方法。有什么是比让消费者身临其境更好的宣传呢？

梅赛德斯 – 奔驰：She's Mercedes 系列文案

- 饿出来的好身材，总是少了些味道。
- 睡一觉，说不定灵感就醒了。
- 买包解决不了的问题，背包试试。
- 摔倒了，正好躺下歇歇。

握好手中的方向盘，无论去往哪里。

品牌 slogan：遇见知己，更看见自己。

She's Mercedes 是梅赛德斯 – 奔驰创立的女性专属平台，意图宣扬联合全世界女性力量，彼此分享，自由表达。"握好手中的方向盘，无论去往哪里。"正是女性对自我人生抉择的把握。女性力量的崛起是近些年社会中非常热门的话题，世人所谓的"她经济"快速增长，让许多品牌注意到了女性市场的巨大潜力和笼络女性的战略发展需求。

皇家芝华士文案

这是皇家芝华士的广告

假如你还需要看瓶子

那你显然不在恰当的社交圈里活动

假如你还需要品尝它的味道

那你就没有经验去鉴赏它

假如你还需要知道它的价格

第五章
善用"喜怒忧思"写文案

翻过这页吧,年轻人

这篇是 Neil French 所写的最为知名的广告创意文案之一。在做皇家芝华士的广告之前,尊尼获加一直是市场上的 NO.1。虽然他们都是世界著名的苏格兰威士忌品牌,但是两个品牌间竞争非常激烈。为了打败对手,Neil French 重新定义了皇家芝华士的品牌定位,同时将"你买不起"设定为广告宣传方向,于是出现了一系列看起来"狂妄、自大"的平面广告。在 Neil French 策划的广告轰炸下,当时皇家芝华士成功反超尊尼获加成了行业 NO.1。文案的魅力功不可没。

《诚品阅读》杂志停刊宣言:当蝙蝠飞完时

蝙蝠,没有视觉,
凭着场域响应的声讯辨认方向,
如果环境过于复杂,讯息过度混乱,
它会撞壁受伤。
如果四周太过空旷,所发出的声呐得不到响应,
它会找不到方向,横冲直撞。
经营四年的《诚品阅读》选择停刊,
我们只是想停下脚步,
在空旷的场域中,
渴求阅读环境的回声及您主动表达的强烈讯息,
好让我们更易辨认以后的方向,
为了下一次,更完美的飞行……
当蝙蝠飞完时——《诚品阅读》期待您的回声

这篇是李欣频的作品。听闻当年写这篇文案的时候是因为经营了四年

的《诚品阅读》选择停刊。不管是出于什么原因，管理者都希望这件事能够以正面积极的状态面对读者。李欣频通过描写蝙蝠的生活习性，展开对《诚品阅读》未来的美好期许，有态度，又不失风度的情形下完成了停刊的宣告。

平常心 竹叶青 系列广告文案

（一）

阳光、雨露、空气

我们为您收藏

5000m² 西南最大的茶叶冷藏保鲜库 −20℃~5℃的低温

彻底解决茶叶在常温下保险难，易氧化，营养成分流失的问题

让您时时品尝四季如新的好茶

还有清明前最美的峨眉风景

有心，世事皆不同

平常心 竹叶青

中国名茶

（二）

想要喝到更安全健康的茶

我们比您想得更周全

采用日式全封闭生产线，彻底解决传统手工生产过程中的粉尘二次污染问题

同时，安捷伦检测设备

杜绝任何农药残留及重金属超标的原料及成品

让您尽情享受到绿色食品带来的健康体验

第五章
善用"喜怒忧思"写文案

有心，世事皆不同

平常心　竹叶青

中国名茶

（三）

每一颗芽心

我们都为您精心挑选

清明前在峨眉山 800~1200 米区域的十多万亩

高山生态茶园里

我们为您精心挑选

每 500 克竹叶青由 3500~4500 颗鲜嫩饱满的芽心精制而成

有心，世事皆不同

平常心　竹叶青

中国名茶

竹叶青从一家小厂变成现在知名的茶叶品牌，从文案中不难看出企业对茶叶精品的挑选和拿捏。中国是茶叶大国，但是不知其姓名的居多。竹叶青从茶商茶厂中走了出来，有了自己的名字。归结到底，还是要做品牌，有战略、有定位，才能真正完成"好产品+高端定位"的发展方向。

在中国，不缺好产品，但是缺有品牌理念、有愿景的企业家。我呼吁，每个产品都值得做品牌，被重塑，让更多人看见和购买！

坤合园正国医/中医诊所品牌故事文案

同正气，慧于民

《周易》曰："地势坤，君子以厚德载物。"

《黄帝内经》云:"正气存内,邪不可干。"
大地宽厚和顺,凭正心、正念、正德、正善、正行,修德正气。
扁鹊单以望闻,便发现齐桓公之未病,以正善之心,三次劝谏。
神农尝百草,是以药食同源之理,令民知所避就,正德了然。
华佗以五禽戏传授强健筋骨之术,为后人正行之感。
李时珍穷搜博采30年方成《本草纲目》;
孙思邈汇集医方5300个著成《千金药方》。
葛洪隐居避世著《抱朴子》研道与医之本源;
张仲景著《伤寒论》,呈国医之灵魂所在。
医者父母心,同正气,慧于民,坤合园。

医学中分中医与西医。在国家大健康产业的推动下,中医板块发展迅速。这让很多年轻人也对中医、药食同源、药食同疗等内容有了兴趣。坤合园要做的就是通过中医调理治未病。

我在撰写品牌故事时寄希望通过对中医脉络的承袭,能够秉承前人智慧,承接中国优秀传统文化。真切盼望企业做到:医者父母心,同正气,慧于民,坤合园。

(4)意外之思

意外指的是意料之外、料想不到的事件。就像我们看的电影、戏剧,有冲突、有变化,往往能够出乎意料地捕捉到你的心。如同爱彼迎的文案:遇到想不到。充满意外的惊喜感。

沃尔沃740广告文案:假如焊接不牢固,本文作者就没了。
那就是我,神经高度紧张地躺在这辆崭新的Volvo740车下。
几年来,我一直在我的广告中吹嘘Volvo车的每一个焊点都

第五章
善用"喜怒忧思"写文案

非常牢固,以至于足以承受整辆车的重量。

有人认为,我应该以自己的身体来验证所说的话。于是,我们把车悬挂起来,而我则爬到了车子底下。

当然,Volvo740不负所望,而我得以活着出来把我的经历讲给大家听。

然而,本故事的要点却是告诉我们:Volve740外形独特,其发动机速度快、价格便宜,有着全新的内置和悬置系统。

然而,在某一点上,Volvo740却和以往的Volvo车没什么区别。它制造精良,你可以把自己的生命托付给它。

我明白这一点,而且也这么做了。

广告文案的出乎意料让广告本身毫不意外地成为当时异常轰动传播体。这辆红色沃尔沃740也永远被David Abbott的文案载入了广告史册。

龙湖系列文案:我就是那只叨走你八千元锦鲤的白鹭

恕我直言,

三百尾锦鲤,在别墅花园掘出的鱼池里游荡,

再矜持的白鹭也难抵如此诱惑,

纵然戒备森严,主人也有疏忽,

连续两日,我欣然得手。

在此说出悬案,

表达对锦鲤主人的歉意,

也对湖周围的人表示感激。

时光回到久远,

远在这里还没有这么多房屋之前,

我的祖辈就在此生活，
他们喜欢这里的一切。
但也告诫我："人类有了窝，我们白鹭自然不好过。"
今天看来，
这句古话已被打破。
城市里种植了行道树，
容我们生存的活水湖，树木依然没有破坏，
算上这里，两公里内，有三个公园，
这让生性胆小的我，也知道如何与人相处。
人们在这里建立属于他们最好的城市，
也在这里保留了让野生动物好住的一片最后自然王国。

或许，终会有一天
我会飞向那个叫自然的远方。
但无论去到那里，
这个叫九龙湖的公园和这个叫新牌坊的城市。
在我的旅程里，
都是唯一的：故乡。
意料之中的新牌坊，意料之外的龙湖生活。

"子非鱼，安知鱼之乐？"子是白鹭，意料之外的龙湖生活。以第三视角，阐述了龙湖的自然与和谐。

长城红酒文案：九三年

几乎费了整个下午，才找到雨果的旧书店。
得到的，是意料中的回答。

第五章
善用"喜怒忧思"写文案

"那本书……"

雨果用指甲轻轻叩击书的封面,呷了口红酒,给我指点:

"印数很少,虽然不值钱,可在九三年所有书目中,我只得这一本。"

他庄严地坐在那里,好像我是他从前学生中的一个。

这个以嗜旧书和红酒闻名的老版本学家,

因为奇特地爱好收集九三年版的所有书籍,

而被冠以"雨果"的外号。

我并没有带钱来。

摸摸手边纸袋里的那瓶红酒,

在犹豫朋友教的方法是否有用。

一样是被时间收藏的,不过他手里的是书,

我手里的是葡萄酒。

如果做交换的话,这是唯一有资格的东西吧。

我想。

告辞时,我已经有点微醺。

腋下夹着那本他送我的稀版书。

以作交换的,不是红酒。

而是等待红酒苏醒时的交谈:

"你知道吗,雨果一生最后的作品,名叫《九三年》。"

"您知道吗,您不卖的那本印数可怜的书,我,就是作者。"

故事中的戏剧性让长城红酒的文化与知性感入木三分。有酒有故事,有长城的地方更有人文和历史的熏陶。如同它的品牌名,时间是淬炼好酒的道场,也是让人收获更多情感的桥梁。

第六章

高效产出文案的秘密

1. 回归洞察

广告人最喜欢"洞察",所有拿到手的案子无一不需要洞察,做市场洞察、做消费者洞察。看看消费者在购买产品时内心是怎么想?是什么促使他们购买这些产品?是什么让他们不断消费?是什么让他们愿意分享?

为了知道这些,我们开始洞察,深入洞察,挖掘藏在消费者心中的秘密。

我们做过一个咖啡品牌的升级项目。一家小众咖啡店,叫作"乐淘咖啡"。在升级之初,我们做了很多调研工作,包括全国市场的竞争情况、单个城市市场的竞争情况,还有门店顾客、会员的消费及情况反馈,以及创始人的调研分析。

经过资料调研,短时间内深入一个完全陌生的行业并以第三方的身份抽丝剥茧出对品牌塑造有用的信息,是一项让人兴奋又极具挑战性的工作。

我们总喜欢谈论咖啡,喜欢咖啡厅的氛围,但是会发现80%以上喝咖啡的人并不懂咖啡。咖啡豆的酸甜度、烘焙的程度(深烘、浅烘)、烘焙时的曲线,制作咖啡时的冲泡手法等都在影响着我们喝咖啡时的口感。

消费者购买咖啡时,购买的是什么呢?

我们发现有一句话:"我不在家,就在咖啡馆;我不在咖啡馆,就在前往咖啡馆的路上。"

第六章
高效产出文案的秘密

我们还发现：

星巴克创造了第三空间，让喝咖啡与工作、休闲、对谈相连。

瑞幸创造了平价咖啡，用一杯饮料的钱购买到一杯冠军豆咖啡。

peet's coffee，被称为：咖啡店的祖师爷，是星巴克学习的前辈。

%Arabica，被称为：世界级网红咖啡，凡开店必吸引人打卡。

M stand、Manner 等咖啡品牌异军突起。

有北美咖啡传奇之称的 Tims 也进入中国市场。

……

2019 年的数据显示：中国市场星巴克一年可以卖出 400000000 杯咖啡，瑞幸一年卖出 100000000 杯咖啡，全家湃客一年大约卖出 50000000 杯咖啡。

随着咖啡市场不断被各家品牌撑大，各家品牌在选豆、烘焙上向消费者展露出更专业更多的口味可能。

乐淘的机会点和创新点在哪里？我们继续挖掘：回到乐淘的创始人洞察。我们对这位精于咖啡烘焙，对每一颗待烘焙的豆子都挑选的职业咖啡师陶子（创始人）肃然起敬。经过提炼和总结："闻、看、摸、测、烘、测。"一杯好豆咖啡需要经历 6 个步骤才能到达消费者的手中，乐淘正是这样做的。

我们将"乐淘咖啡"升级为"乐淘好豆咖啡"，完成了品牌名的升级创作，也意味着乐淘每一杯都是好豆咖啡。好豆的谐音是"好逗"，更诙谐地与"乐淘"快乐的气质感融合在一起。

品咖啡与品红酒一样，是一门专业。只有好豆还不够，大家都说自己的咖啡是好的。好豆需要演绎，6 步出好豆咖啡是演绎，创新出 5 款好豆咖啡，买咖啡先选豆，让口味直观地展现在消费者的面前。喜欢威士忌风味的咖啡选 4 号，想要坚果风味的咖啡选 5 号，想要水果风味的咖啡选 1 号……这是好豆咖啡的另一项创新演绎。

在创作品牌故事的时候，我们再次对消费者进行了深挖。为什么大家喜欢喝咖啡？为什么他们要来乐淘喝咖啡？即使不喝咖啡，为什么还要来乐淘消费？

我们发现：思考量越大，对咖啡的需求量越大，这不仅针对个体，同样适用于集体，并且有很多大师能够佐证。

比如，巴尔扎克在创作《人间喜剧》时，每天的咖啡量达到惊人的五十杯之多，一生喝掉的咖啡高达五万杯。巴尔扎克说："就是这把咖啡壶，支持我一天写16小时，最少也写12小时的文章。"

本杰明·富兰克林喜欢逛咖啡馆，他爱那些在伦敦咖啡馆遇到的诚实灵魂。住在伦敦的时候，本杰明·富兰克是个常在咖啡屋混迹的自由职业者，他在咖啡屋谈论政治、下棋，或者听音乐。

著名作家伏尔泰可能是历史上最著名的咖啡上瘾者，据说曾经一天喝了40~50杯咖啡。伏尔泰："如果咖啡是毒药，那它是慢性的。"

17世纪，发现血液循环原理的英国著名医师威廉·哈维临终前，请求律师拿一颗咖啡豆给他。端详许久后，他说道："没想到这颗小小的咖啡豆，却是幸福和价值的源泉所在。"

著名的巴洛克音乐家巴赫是个咖啡瘾者，他曾经在1732年的时候写过一幕音乐短剧，叫《咖啡康塔塔》，这幕短剧就是巴赫受咖啡灵感启发写成的。巴赫说道："早上不喝咖啡的话，我就像块干瘪的烤羊肉。"

……

这样的例子数不胜数，为什么文人雅士都爱咖啡，因为他们离不开思考，更渴求灵感。

咖啡像引擎开动一样，推动了他们持续不断地进行创作。

咖啡又像一把钥匙，诱人的芳香，入口的提神，有了它好似可以打开一扇新天地的大门，充满创造的新意，能带给人柳暗花明又一村的欣喜。

乐淘好豆咖啡，广告语"找灵感，喝乐淘"应运而生。

第六章
高效产出文案的秘密

品牌故事:【找灵感,喝乐淘】

巴尔扎克酗咖啡,用 5 万杯的灵感交换《人间喜剧》。

狄德罗酗咖啡,成全世界第一个拥有最多知识的人。

巴赫酗咖啡,证明了康塔塔也能描绘潮流的拥趸。

大卫·林奇酗咖啡,梦与现实才能驰骋穆赫兰道。

乔布斯酗咖啡,认为电脑不过是咖啡馆里每一个熟练操作路径的超速重复。

陶子酗咖啡,用一天 27 杯的评测灵感煮出不同风味的咖啡香气。

……

找灵感,喝乐淘。

用一杯咖啡的钱,买到无价的灵感。

各行各业的大神都对咖啡推崇备至,有咖啡就有灵感,有乐淘就有好豆咖啡,"找灵感,喝乐淘"水到渠成。

记得有位客户说:"每次来乐淘喝咖啡都会有很多灵感,我觉得这里简直就是我的幸运地。"

洞察是深挖消费者、市场、创始人,一次次的挖掘,让更多的可能与机会冒出来,展现出更多的可能性。这种可能性是消费者的购买需求、消费者的喜好、消费者的习惯等。我们洞察出的可能性越多,就越能够利用文案向消费者推荐适合他们的产品和服务,同时把产品的核心优势注入进去,像发掘璞玉一样。

2. 注重细节

优秀的作家都特别会描写细节，一场雨、迎面的风、树影、阳光，都能洋洋洒洒写出一篇又一篇的文章。语文老师常说："注意细节，生活中要多观察、多思考。"普通作文与优秀作文之间的距离，大抵就是阳光洒向地面的距离，鸟儿看到昆虫的距离，眼睛能分辨出晚霞中七彩光芒的距离。

文案描述细节，是洞察深度的呈现，也是画面感传播更突出的表达。细节能够让人们对产品和服务有更加透彻的了解，也是呈现产品实力的方式，还是表达情感触及人们心底深浅的尺子。好文案之所以能够调动我们的情绪，基本上都以独特的视角和细节的表达取胜。

（1）利用认知沟通，往往事半功倍，细节也是一种提取认知的方式

"有料却很轻盈的 60% 羊毛呢大衣，像羽绒被盖在身上。"

一句话将羊毛呢大衣的触感和温暖感萦绕在我们的脑海，我们甚至开始想象穿上一件无比温暖的呢大衣是什么样的，非常可能变成一个魅力十足又不怕冻的都市丽人，而它的比喻更戳动了那些喜欢羊毛呢大衣又觉得它笨重不够暖和的心。这不正是深度洞察后，品牌给予消费者的购买理由吗？用一种人人都能理解的方式说出来。

"想提前感受品质，请去商场摸两千以上的呢大衣。"

第六章
高效产出文案的秘密

对于价格敏感的人来说,"性价比"是衡量物品是否值得购买的方式。文案用 2000 的数字物化了产品的质量。具象化的让人感觉到你将购买的是物超所值的商品,并且品质很不错。

淘宝网新势力周系列文案:如何在 8 亿宝贝中找到品质之选。

(一)
一件合身的西服
需要裁剪超过 42 片样板
再用超细纤维的包芯线缝制成衣

(二)
一个讲究的包
需要一个工匠用双骑马钉针法缝制 72 小时
每一个针脚的边距差必须小于 1 毫米

(三)
一个高级定制的裁缝师
能同时记住 28 个客户的三维尺码

(四)
一个精妙的蕾丝纹样
需要近 100 只木梭裹绕线端
配合十几种编织技巧

（五）

一条经典的复古牛仔裤

3D 立体剪裁完毕

还需要洗水 12 轮

（六）

一双舒适的乐福鞋

要在科尔多瓦马皮上

捶打至少 600 次使之贴合脚型

（七）

一件精致的衬衫

会在袖口掐出 6 个褶皱以贴合手臂

（八）

一件顶级的真丝上衣

需要 630 个蚕茧的 6A 级生丝制成

淘宝这套文案以一个个小小的知识点贯穿，让我们了解衣物在品质的要求下需要坚守一个个具体的步骤。我觉得特别好的地方在于，不是所有人都知道这些朴实的内容。这些在内行人眼中的工作日常，恰恰是局外人做选择的最佳理由，新鲜又惊喜。

我在与真研美学的主理人如楠探讨美容师日常工作的时候，就捕捉到，美容师需要细腻的手，还要有强劲的臂力，所有美容师都会通过俯卧撑来提升臂力。看着那些个子小小却有大能量的美容师们，我很佩服！这些日常就是能宣传的，以细节取胜的故事。后来在 30 周年的年会上以小品的方式呈

第六章
高效产出文案的秘密

现了,我想当时给了在场所有人触动吧,至少我是记忆深刻。

JEEP【每个人心中都有一个JEEP】系列文案

(一)

大众都走的路

再认真也成不了风格

#每个人心中都有一个JEEP#

(二)

人生匆匆奔驰而过

就别再苦苦追问我的消息

#每个人心中都有一个JEEP#

(三)

即使汗血宝马

也有激情退去后的一点点倦

#每个人心中都有一个JEEP#

JEEP的文案把大众、奔驰、宝马悉数拉到一个空间,为它做嫁衣。利用人们对三者品牌的超强认知,抬高JEEP的独特地位。这种相爱相杀的戏码,看完之后忍俊不禁。

(2)利用举例表达、类比、画面感呈现的方式,让消费者更懂你在说什么

"1936年,双鱼自船头跃起。"

秒传文案

这是双鱼靖江肉脯的文案,在产品包装及宣传物料上都有体现。我之所以对这句文案有很深的印象,核心是它突破了以往我们对于历史沉淀的文案写作手法的认知。最常见的是"since 1936",代表了一个品牌的成立时间,往往用于证明品牌的专业和可靠。现在看来,这是偷懒的方法。而双鱼的文案非常有画面感,一句"双鱼自船头跃起"的细节呈现,就能够让人产生一个动态且意想不到的浪漫画面;加上"1936年"的灰白底色,有历史底蕴,蕴含着激动、幸运等情绪的波动,很难不让人印象深刻。特别是这句文案与Logo组合一起出现,更直观地让消费者记住了"双鱼"这个品牌,并且牢牢记住了,它是一个有历史沉淀,经过80多年依然屹立不倒的品牌。

淘宝新势力周——放胆去系列文案

致胆大的人
普通的改变将改变普通,
放胆去2015淘宝网春夏服饰新品发布

(一)
普通人相信凡是规则即要遵守
胆大的人相信凡是规则即要打破

新势力周
放胆去2015淘宝网春夏服饰新品发布

1860年,Levi Strauss把工人阶级审美的牛仔裤放进漂亮的橱窗里。自此,全球每年销售超过2.3亿条牛仔裤,平均每秒73条。

第六章
高效产出文案的秘密

（二）

真理不是掌握在少数人手里

而是在胆子大的少数人手里

新势力周

放胆去 2015 淘宝网春夏服饰新品发布

1965 年，Mary quan 认为性感即裸露至膝盖上 15cm 的迷你裙，这个当时被嗤之以鼻的设计，如今每天都被众多人追随。

（三）

胆大的人相信比缺少自由

更让人恐惧的是习惯束缚

新势力周

放胆去 2015 淘宝网春夏服饰新品发布

1912 年，19 岁的 Mary Phelps Jacons 将解放身体的胸衣带入女性生活，打破了紧身胸衣对女性近 600 年的束缚。现在，每个女人橱柜里至少有 8 个胸衣。

（四）

于胆大的人而言

其终生奋斗的事业是取悦自我

新势力周

放胆去 2015 淘宝网春夏服饰新品发布

1920 年，Coco Chanel 将自己钟爱的中性裤装推向市场，改变当时女性用裙装取悦大众审美的趋势。如今，中性风成为每个女人衣橱里的关键字。

（五）
胆大的人多的不是胆量
而是孤注一掷的决心

新势力周
放胆去 2015 淘宝网春夏服饰新品发布

1936 年，爱德华八世毅然退位，投身浪漫田园，突破性地将费尔岛毛衣和灯笼裤搭配在一起，创造了流行至今的度假装。如今，人们为了纪念他的决心，以其命名了温莎领。

这套淘宝新势力周的文案很好地为大家贡献了"诠释"的作用。因为打破规则，所以有了牛仔裤；想要表达真我，有了大胆的迷你裙；因为挣脱，才有了胸衣；想要取悦自我，有了中性风；追求自由，有了创意的源头……

每一个小故事都很贴合主题，笔者用举例的方式向大家阐述了"放胆去"的意义和背后获得的成就，让观者有了更强的追寻意义。

猎聘网【遇见更好的自己】系列文案

第六章
高效产出文案的秘密

（一）

10 年

退场 ≠ 退缩

人生并非速度竞技

有什么样的想法

就有什么样的未来

（二）

2015 年 4 月 7 日

刘翔

平凡也能飞翔

再见，我的跑道我的栏！

（三）

2014 年 9 月 19 日

李娜

亚洲体坛的传奇

"娜"时代宣告结束

（四）

2013 年 5 月 16 日

贝克·汉姆

任何事情都不能取代

我对比赛的热爱

然而现在我将开始一个新的冒险

（五）

2012 年 8 月 4 日

菲尔普斯

我并不喜欢回顾过去

不想回忆去过多少地方比赛

因为未来

还会经历很精彩的事情

（六）

2011 年 7 月 9 日

姚明

一扇门已经关上

另一扇门正徐徐开启

而门外有崭新的生活

正在等着我去认真品读

（七）

2010 年 2 月 18 日

申雪 / 赵宏博

冰场不留遗憾

退役后有大梦想

（八）

2009 年 5 月 24 日

保罗·马尔蒂尼

说再见不说永远

第六章
高效产出文案的秘密

（九）

2008年8月22日

王楠

用汗水和泪水坚守

成就生涯终极梦想

（十）

2007年3月27日

田亮

最亮的十米已成记忆

跳水王子悄然离去

（十一）

2006年5月8日

齐达内

以辉煌的方式告别球场

留下了一个美妙的词汇

控球之王

没什么比真人真事更能打动人们，吸引人们的视野。这些名人中，总有我们熟知的、认识的、钦佩的、听说过、鼓舞过我们的。任何职业都有"天才"，而退下原本的位置还有更精彩的未来。我们看到了被人"定义"的名人们，也看到了未来不被"定义"的我们。

无印良品系列文案之无印良品的理由

无印良品的生产品制造是项漫长且踏实的工作。

秒传文案

仿佛是在大都市的人流穿梭的十字路口，发现一小块谁都未曾涉足的空白区域。

正是在这种繁华地带发现的谁都未曾涉足的空间，才使无印良品的实力得以发挥。

我们生产的商品虽然简洁朴素，但并不是单纯地将普通的产品简单化。

我们不断地注视、观察诸如起床、刷牙、吃早餐这种不起眼的日常生活片段，努力积累着哪怕一丁点儿可以加入其中的新鲜创意。

积累后又推翻，然后再积累……

最终，这样的积累作为一件商品呈现出来。

例如，人们很容易拿错雨伞。

于是，我们设法在伞柄的位置开了一个孔，使大家可以设置专属于自己的标识。

仅仅是一个细小的差别，但却成功改良出了一把独一无二的雨伞。

另外，在产品制成之后，我们通过收集客户的评价，不断进行思考与完善。

随着时间的推移，一边对产品进行细小的修改和变更，一边一点一点地铭刻着这些商品的历史。

虽然这种历史的铭刻是在悄无声息中进行，但正是这种积蓄在产品中的小智慧的不断累积，才最终成就了无印良品的本质。

我们注重每一个细节。

我们相信，在这样持续累积的过程中，无印良品将朝着最理想的状态不断进化。

第六章
高效产出文案的秘密

　　从一把伞的痛点开始，无印良品试图打造一把独一无二的雨伞。通过无印良品对一把雨伞的细节改变，让我们看到了它追求细节的本质。选择它也正是选择了一种对待生活的方式，方方面面都想要做到的精致和细致。怪不得那么多人推崇无印良品，很多年前看过许舜英的书，书中也频繁提到无印良品。我对很多的时尚品牌的第一印象也是从她的书里开始，构建起新的视野。

3. 感情真挚

翻看揽胜做的地产广告时,有一组特别戳我的心。

葡萄街区

(一)

开会时大家都在想什么

散会　散会　散会

那么开发商都在想什么

地段　地段　地段

那么买房人都在想什么

降价　降价　降价

(二)

对宅男宅女来说什么最可怕?

停电了　停电了　停电了

那么对开发商的竞争对手来说什么最可怕?

地段　地段　地段

第六章
高效产出文案的秘密

（三）

妈妈什么时候最不可爱？

我这都是为了你好　为了你好　为了你好

那么开发商觉得什么最可爱呢

地段　地段　地段

一组三幅文案，把普通人的小心思都写了出来，没有什么高级的调调，都是些朴实无华的生活写照，是一次难得一见的地产公司与普通人的交流。

看多了描写庭院的美观、社区的繁华，听听大众的心声，让飘着端着的情感往下放一放，感觉挺好。这是情感真挚的力量，或者说是真实的力量。

Panasonic（松下）智慧节能科技系列文案：

（一）

和你相似的生活方式

还记得曾经流行一时的《那些年》吗？

你是否和朋友一样，手机里、电脑里都储存了这首歌？

在家里、在路上、在办公室里，你都会时不时哼上几句熟悉的歌词：

"好想告诉你，告诉你我没有忘记"。

你一向不会把音乐公之于众。

你喜欢戴上耳机，静静地倾听音乐带给你的自在。

这不是自私吝啬，这只是对自己情怀和别人生活的尊重。

应用 ECONAVI 技术的变频空调跟你有相似的生活方式，根据温度感知你的位置，只向你吹送合适的"音乐"。不用"公之于众"的空调，为你省下看不见的浪费。

（二）

和你相似的生活方式

咖啡可能成了你生活的一部分，上班与否、工作与否，早上或午后，一杯温暖的咖啡总能令你安静下来，思考人生或是观察生活。

你每天都享受着为它加糖的过程：

用小铁匙轻轻把盒中的方糖盛起。

不需举高，刚到杯口，微微侧一下匙柄，小方糖就自然地融进你的咖啡中。

一匙一块，你从来不会放多，因为你清楚知道你的咖啡需要多少的糖。这不仅是节约，而且能得到最适合自己的口感。

应用了 ECONAVI 技术的空气清新机跟你有相似的生活方式，并不需要无休止地运行过滤，为你省下看不见的浪费。

（三）

和你相似的生活方式

你一定会觉得十分狼狈，因为你的桌面被你翻侧的水杯弄湿了。

你一边把被殃及的文件拯救起来，一边取出士气十足的抹布把桌面的水抹干。

第六章
高效产出文案的秘密

这一瞬间,你是多么渴望这一切都未曾发生。

而事实是,你的桌面已经湿了一大片。

我们相信,你会有一瞬间的冲动要把整张办公桌换掉,但你没有这样做。因为你知道那样做的成本。于是,你只把有水的地方抹干,用小小的抹布达到一样的效果。

应用了 ECONAVI 技术的洗衣机跟你一样的想法,自动感知你衣物上污渍的位置,有选择地冲洗,不再只把"整张办公桌换掉",为你省下看不见的浪费。

松下通过"和你相似的生活方式",将日常生活中的小美好和小狼狈展示出来。让我们能够在阅读完文案之后感受到那里有我们的生活,也让写作者很好地理解"真实"的意义。真实带来的情感共鸣有着放大式的效果。

方太 20 年忠于初心系列文案

(一)激情,并非理想的燃料

时光如风,会动摇多少坚持

明灭多少激情

摸一摸胸口

那能让理想燎原的火种

是否还在发热

方太二十年

坚持超越

打造中国高端品牌百年老店

（二）风往哪吹？别问跟风的人

这些年

看尽多少追风者盲从于潮流

受困于时势

最终引领风向的队伍里

我没见过幸运

只看见坚定

方太二十年

坚持固本守性

专注高端厨电行业从始至终

（三）仁义礼智信，不只是说说而已

夫子说，百家说，后人说

西风劲刮多年

根植东方的心

终究共鸣于儒家管理之道

唯有不同是

我们说到，更做到

方太二十年

坚持儒道治企

做受人尊敬的世界一流企业

（四）懂你的爱，不用大声说出来

风风火火到现在

第六章
高效产出文案的秘密

才明白成就越大越无需喧哗

当厨房噪音被降到图书馆级四十八分贝

你爱的人自然更懂你的爱

方太二十年

坚持创新为人

六百八十余项国家专利

行业第一

(五)家的味道,没有人能够阻挡

煎、炒、烹、炸后的美味

早熏陶为国人记忆中家的味道

时至今日,随世风演进

我们敞开的不仅是厨房

更是对家的重新理解

方太二十年

坚持开创格局

让中国家庭爱上敞开式厨房

  方太以 20 年根基讲述了它的人文关怀及使命追求。不用多说,20 年足够久的历史沉淀证明它的品牌实力。当它坚持创新、以中国传统文化为本,以爱为初心深入表达的时候,我们自然而然感受到了它的诚意。

  无意中阅读到宜家产品文案,阅读文案不如说是阅读产品,我感受到了作者对每一件物品都视若珍宝,并且用最适合它们的语言诠释它们,引发人们的无尽遐想,十分有趣。这让我联想起《玩具总动员》,这些不是简单的物品，而是一个个独特而精彩的生命。

　　斯德哥尔摩花瓶：北极的上空偶尔会有炫目的绿光，像一片绸布在空中飘扬。有人说绿光出现的时候，能听见天空传来踏雪的声音，仿佛有灵魂在世界的另一端踩着雪地漫步而行，那是神话般的美丽。如果说收集绿光，就会出现奇迹，那么将一个绿瓶子摆在家里，至少可以滋养喜悦之心。

　　斯德哥尔摩咖啡杯：放牧的日子，是萨米人最忙碌的时刻，也是最闲暇的时刻。只要天气不糟糕，就可以在一群静静牧养的驯鹿旁，三两人围坐在一起，烧一壶热咖啡，聊几句山水长短。外族人看来的居无定所时光，在他们眼中，却像是醇厚的咖啡香悠扬在辽阔的土地上，何处无家。

　　冈尼拉布料：

　　出版社：瑞典风情出版社

　　可借：《黄色的柠檬树》

　　内容提要：百分之百纯棉质感让褶皱感触到风，橘红色的光感驾着印染的气息飘向空中，让直觉感受到灵魂自由的节奏。绒絮间蕴含着纯天然的厚度，让内心深处得到死死的宁静和满足。

　　用途：制成橘红色的抱枕，再向自然借点光，把心情晒得暖洋洋的。

　　格伦斯卡布劳姆布料：

　　出版社：植物曲线出版社

　　可借：《万物有灵且美》

第六章
高效产出文案的秘密

内容提要：各种花卉的图案，制造出梦境里才有的触感，北欧的童话故事，多是大自然赋予的灵感。设计的线条、色彩、皱褶和细节，集中了直觉的初体验，决定挑战最高的美学光感。处于全盛期的感官，在弹指之前，采摘源源不断的浪漫。

用途：裁剪成正方形的靠垫，让背部也触摸到北欧的设计线条和美学光感。

书挡是阅读的帮凶：目睹你目睹的一切，却一直守口如瓶；看你喜欢看的书籍，却始终毫无表情。整日装成一副无所事事的样子，其实心如明镜；既然是阅读的帮凶，倒不如被丢弃之前心无旁骛地多读几本书。

被子：要多温暖就有多温暖。

将羽绒被盖在身上，体会柔软；将羊毛被盖在身上，感受体贴；将棉花被盖在身上，收获了踏实的温暖。不同的书如不一样的被，带来不同质感的温暖。当天气转凉，世态炎凉，盖好被子读书吧，要多温暖就有多温暖。

杯子：

这是摩卡的问候

这是卡布奇诺的问候

这是清茶和淡水的问候

她是个信差，专职传递送温暖

书架：

把《易经》递给老爸，《食经》给老妈

姐姐看的是《养颜心经》
弟弟翻着《山海经》的插画
小书架的大日子，我们在"取经路上"

斯凯尔三门鞋柜：
地址：近门路右转换鞋大街鞋柜大厦白楼3层
住户：拖鞋、运动鞋、高跟鞋

拖鞋鳞次栉比的排列，好像对家的感觉十分了解；运动鞋经常外出运动，延长了对家的思念时间；高跟鞋，只想和地面的接触再少一点，可能在三层的斯凯尔公寓里，还有它的初恋。

普拉吉思废纸篓：
地址：纸团路清洁总队斜对面回收集团大厦首层
住户：草稿纸、铅笔屑、旧剪报

多情的笔尖，在草稿纸上留下了无法痊愈的伤痕，而后另结新欢，草稿纸因此自暴自弃，将自己缩成一个团，躲在普拉吉思里，和世界中断。

尼诺上菜架：
绰号：素食上校
星座：巨蟹座
任务地点：餐桌
任务时间：2011年2月2日19时51分
任务内容：负责运送洗净的蔬菜，行军至餐桌阵地，和其他全副武装的食材全方位配合，指导春节大餐的排兵部署，争取早一点进入主人的口。

第六章
高效产出文案的秘密

阿纳斯炊具：

绰号：胖子少校

星座：巨蟹座

任务地点：厨房

任务时间：2011年2月2日17时17分

任务内容：负责准备丰盛的春节大餐，使用不粘术，切勿让主人难堪，切勿影响喜气欢快的节日气氛，任务完成后将获得一枚厨房勋章。

《北京晚报》【晚报，不晚报】系列文案

（一）不是不报，消息未到

《北京晚报》，晚报，不晚报。

关注让普通的一天变得不平凡。北京时间2001年7月13日22时30分，注定成为让所有中国人瞩目的时刻。我们真心希望将最新鲜的好消息报告给您，但时间让我们与您一同等待那一刻的到来。预祝北京申奥成功！

（二）"来一份昨天的晚报"

一场深秋的雨，从昨天午后一直下到今天。

雨过天晴，我第一个愿望就是跑到街上。

尽情享受清新的空气，看一看北京的天空中，有没有久违的彩虹。

细细的风吃着暖暖的阳光，我走向那个熟悉的报摊。

阿姨刚刚摆好摊位，对我笑笑，问："来份儿刚到的……"

"来一份昨天的晚报！"我说。

阿姨愣了一下，然后伸手在报纸下翻了翻，拿出一叠皱皱的北京晚报，说："昨天下雨，没来吧……"我点点头。

我喜欢收集老电影，却从没有买到过昨天的晚报。

《北京晚报》，晚报，不晚报。

（三）"我是一个北京人"

我不是一个记者，我只是喜欢亲近身边可爱的人。

我不是一个摄影家，我只是喜欢捕捉生活中每一点感动。

我不是一个作家，我只是喜欢用文字记录灵感的冲动。

那么，我是谁？

我是一个北京人，一个热爱自己生活的这座城市的北京人。

我希望以自己的方式为北京写一本日记，可以在每个晚上，将自己一天的感动讲给朋友们听，和他们一同分享。

我见过黎明宁静的城市和忙碌的人们，我见过他们欢乐的微笑，还有悲伤的泪滴。

我拍过雨后彩虹下的女孩儿，也曾与年轻人称兄道弟。

我看到过邻居们滑过那条街，也拜访过写字楼里的绰绰人影。

……

我记下了可爱的城市和可爱的人们。

每一天，我都会为收获的感动而骄傲，为倾听我的故事的人们而信心百倍。

第六章
高效产出文案的秘密

我是一个北京人,一个收集感动的北京人。
一个热爱自己生活的这座城市的北京人!

《北京晚报》,晚报,不晚报。

(四)"时间不能改变一切"
曾经我如此笃信,时间会让一切褪色。
看时间会让书生意气的小伙子,变成中庸的小职员。
也会让漂亮的女大学生,变成忙里忙外的主妇。
激情没有了;梦想幻灭了;希望生活在平平淡淡的生活之中。

时间给了我平静的心,但我注定要用它来寻找感动。
我看到时间在我的脸上慢慢划过,也看到生活让她变得更像女人。
时间给了门前的小树更多枝叶,还让一个嗷嗷待哺的小东西学会叫妈妈。

就是这样,一个瞬间的开始,就可以给一切一个永远继续下去的理由。
我沉浸在时间之中,为了它所改变的一切,也为了它所不能改变的一切……

一只小手拉拉我的衣角,我发现车已经来了。

《北京晚报》,晚报,不晚报。

（五）"报纸不是那样读的"

早上9点上班，下午6点下班，然后加班到凌晨，一切是那么自然，工作的时钟已将我程序化。

我一直认为紧张的生活才会不断前进，所以微笑也变得很有效率。

我更明白保持头脑新鲜才能不落后，所以每天坚持像读文件一样读报。

直到有一天，一位同事递给我一杯咖啡说："报纸不是那样读的。"

那报纸还能怎么读呢？

或许是阅读与效率无关，程序间断的时候，我听到了光线穿过玻璃窗的声音，穿透空气的声音，穿透文字的声音，穿透心的声音。

光芒中，每一个文字散发着新鲜的油墨味道，只有手边刚刚煮好的咖啡才能与之媲美。

我发现我还会感动。

《北京晚报》，晚报，不晚报。

《北京晚报》的文案像故事，也像生活中的我们。以生活感的气质流动出发，撰写出了朴实而真诚的文字，宣扬着"晚报，不晚报"的核心，非常暖心。

艳紫美容品牌故事:【小燕子穿花衣，飞到艳紫变美丽】

2006年春天，艳紫美容诞生了！心怀美丽梦想的燕子，自金

第六章
高效产出文案的秘密

港镇潘家南路起航，一路带领艳紫家人们披荆斩棘；从第一家美容院到如今，艳紫美容连锁及艳紫双美诞生，经历了整整15年！15年的光景，意味着5475天、131400个小时。

格拉德威尔说："人们眼中的天才之所以卓越非凡，并非天资超人一等，而是付出了持续不断的努力。10000小时的锤炼是任何人从平凡变成世界级大师的必要条件。"为此，艳紫团队每日勤恳工作倾心服务，日日精进、月月考核，不曾懈怠。

90%的员工超过10年工龄，以艳紫为家，互帮互助，用心筑巢；数千名资深会员陪伴艳紫成长，收获美丽、自信，打败时间的桎梏。她们无时无刻不在演绎着：小燕子穿花衣，飞到艳紫变美丽！

破浪前行的燕子，在美丽事业拼搏的路上，经历过狂风骤雨，也有孤夜寂寥，哪怕负债前行，也一路无悔。因为她知道：天将降大任于斯人也，必先苦其心志，劳其筋骨！所谓困难，只是英雄通往成功之路的历练。如同小燕子蕴含的巨大能量：它年年衔着春色回归，口吐精华用生命筑巢；它机灵可爱，又深怀反哺之情！

燕子带领团队，以坚持做底色，势将一生奉献于美丽事业。生美、医美、光电、养生、产品……所有一切都意在：把美带给客户，让天下爱美之人少走美丽弯路！让我们跟随那心怀美丽梦想、真诚果敢的燕子们飞跃那最美的山峰吧！

文艺也好，朴素也罢，都是用一种独特的方式与对应的人群交流。比如李娟的作品，自然纯粹，但是却极其有趣。人与人之间确实有天分的差别，但是在写文案上，平实憨厚一些可能比花式叫卖对产品营销更有用。这也是我在为艳紫美容撰写文案时的初心。一位女性的创业史，同时也是她的成长史。

秒传文案

不论是什么样的文字,终端的感受都必须是带有诚意的,不然你就无法打动消费者。"喜怒忧思"中的每一段文字,我想都倾注着文案人的情感,我们看到了太多的文字表达方式,但唯独相信的是真挚的情感是共通的。因为他们打动了我们,用情感打动了我们。

结　语
听从心的声音

最后一章的原计划是写：从现在开始动笔。只有开始动笔，才会有灵感。可是回到我们的主题，畅销文案背后的秘密，我想说，想要让更多的人对你笔下文案产生兴趣、共鸣，核心是写作者的心。

分享一篇李泉为林肯拍摄的视频文案，其中他对创作的理解和表达，与我写这本书的核心不谋而合。

林肯空间广州篇——李泉

找寻灵感这种东西

你需要走出去

去体验这个世界的错综复杂

我觉得创作

就存在于生活当中

你的每一次心动

每一次忘我

每一次付出

每一次放手一搏

就是把每一次经验去累积到你的创作里面

创作者应该更多地从人的生活

从人的情感出发

去寻找自己灵魂迸发出的那种心灵的声音

不管是哪一种风格

只有让听众听到我创作时的想法和心情

跟我产生共鸣

它才能打动人

透过内心的视角去了解世界

同时让世界了解你

我觉得这才是种有意义的创作

……

  我相信，没有一个理论框架可以套用所有的文案场景，唯有真心真情是无法动摇的"心法"。我们站在多高的格局就能看到多宽广的视野；我们多了解消费者，就能多细心地介绍我们想要推广的企业、品牌、产品……

  只要我们足够了解自己、了解消费者、了解产品、了解市场……慢慢就有了洞悉事物本质的能力。这种能力需要我们挖掘再挖掘，像挖一口深井，为了最后可能触及的宝藏。

  我们再用文字表达出来，真诚地面对消费者。这时候，所有的情感表达都是真挚的。对产品服务充满自信——喜；积极向上奋力一搏——怒；想要让消费者获得更好的服务——忧；追求更高的社会责任——思。

无印良品系列文案之无印良品的未来

  称无印良品是一个品牌，不如说它是一种生活的哲学。

  无印良品不强调所谓的流行感或个性，也不赞同受欢迎的品牌应该抬高身价。

  相反，无印良品是从未来的消费观点来开发商品，那就是"平实好用"。

结 语
听从心的声音

提倡理性消费的同时，无印良品也让顾客获得了莫大的心理满足，重新定义了"平实好用"的真正价值。

无印良品设计制造"平实好用"的商品，但"平实"并不意味着品质妥协，而"好用"更是以高水准制品为目标。

在这样的理念之下，无印良品不断地琢磨改善，自我要求，我们自信将带给消费者新的消费满足感，并且以提升品质为一贯的目标。

无印良品出品的商品，在设计上是简单无华的，但我们不是一味地奉行极简主义。

因为无印良品这个品牌，就像是个空的容器一般，能够接受不同的观点，也能够无拘无束地发挥。

我们追求"简约无华"的概念落实在很多事物上，像是在制程中节省能源、产品价格实在、设计造型简单、质地自然等。

无印良品希望在各方面都能做到"简约无华"，将价值的真实意义还原。

我们关心环保和国际化，这些观念已经在许多人的心中萌芽了。

例如带给地球和人类生存阴影的环境问题，正被严正重视和省思，人类试着从日常生活中落实环保作为，寻求正确的对策。

此外，许多的世界问题皆起于异文化间的冲突，从经验中我们了解到，标榜自我文化的优越性是不利于世界发展的。

我们清楚看到唯有放眼世界，四海一家，才是适合当代的思潮。

也只有将这样的价值观传达给世人，世界才能往前进步。

无印良品的企业理念是可以跨越国界的，从1980年创立至今，我们都在提倡简单过生活的概念，至今仍持续向世界发声。

虽然目前日常生活用品往往出现两极化的倾向：

一种是使用新奇的素材或是独特的造型，以独特性增强竞争力的商品。

这类商品强调限量发售，或是以品牌形象赢得顾客的好评，它们争取的是喜好名牌、高价位的消费族群。

另一种是尽量地以价取胜，使用最便宜的素材，生产过程也极尽简单化，在劳资低廉的地区生产，以生产最低价位的商品。

但无印良品并非两者其中之一。

即便无印良品初创时期是以不要设计为目标，但在历程中我们发现刻意省略创意的设计，反而无法创造出优异的商品。

无印良品已摸索出"展现本质"才是最高的设计原则，而慎选素材、应用适当的制程将能帮助达成这个理想。

虽然简化制程能够达到节省成本的效果，但这并非无印良品的唯一目标。

相反，我们在素材的选用和加工技术上格外用心。

因为唯有如此，才能实现让消费者享受实惠用品的远大目标。

无印良品期望让生活用品拥有丰富的面相的同时，也兼顾到价格的合理性。

我们希望像指南针一样，永远指向生活中"基本"和"平实"的方位，将简单好用的生活良品，献给全球的消费者。

无印良品追求的"平实好用"让产品散发出了巨大的魅力。

结 语
听从心的声音

哪怕我们在看的这段文案，也是"平实好用"的。

文案中讲述了一个非常重要的点，无印良品的战略"平实好用"，所以区别于一般的"新奇特"产品或是低价产品，更注重素材本真的特点。围绕"平实好用"的品牌战略，设计呈现和气质表达环环相扣，才有了我们看到的一个个简洁的产品，一系列朴实却动人的广告文案。

这是洞察的魅力，对品牌和市场足够了解，对未来有更远的思考，才能想到要成为"指南针"一般的存在，为全球消费者提供简单好用的生活良品。

最后，引用余华老师在写作课上说的话："写作的过程其实也是一个发现的过程。最重要的一点首先是发现了自己，发现自己拥有了什么。因为人类的情感是相通的，人类的思维也是相通的。当你发现自己拥有了什么的时候，写出来以后，大家都会产生共鸣的话，那就意味着你写下的是一个普遍的东西，而不是一个个人的东西了。"

听从内心的声音，打开自己的感官，在多维获取信息后，带上自信，奋笔疾书吧！